모두 행복한 대한민국을 위하여

행복한 나라
8가지 비밀

이지훈 지음

What the Happiest Countries in the World Have in Common

한울

차례

1장

프롤로그

1 글을 시작하며

1) 장면 하나: 산티아고 순렛길

나는 2014년 늦은 여름 산티아고 순렛길을 걸었다. 잠시 눈 감고 회상해 보니 순렛길의 피날레였던 산티아고 대성당의 정오 미사가 먼저 떠오른다. 일명 '향로미사'로도 불리는 이 미사는 오직 이 성당에서만 볼 수 있는 유별난 장면 때문에 유명하다. 미사가 끝날 무렵 성가와 함께 여러 사람들이 줄을 잡고 당기면 거대한 향로가 마치 긴 그네를 타듯 좌우 큰 폭으로 흔들리며, 은은한 향이 성당 가득 퍼진다. 멀고 힘든 길을 걸어온 순례자들의 몸에 전 땀 냄새를 조금이나마 가시려는 목적에서 비롯됐다고 하는데, 고단한 삶의 흔적을 지우고 마음을 정화하는 의미도 있겠다 싶다. 이 장면을 보며 울컥해 눈물 흘리는 이들이 많았다. 나도 그중 한 사람이었다.

그림 1-1

산티아고 대성당의 향로미사 장면
2014년 9월 11일 필자 촬영.

미사에 참석하기 위해, 아직 깜깜한 새벽에 헤드랜턴을 켜고 마지막 여정에 나섰던 기억, 산티아고 시내에 접어들 무렵 발목 부위에 심한 통증을 느껴 절뚝거리며 겨우 성당에 도착했던 기억이 떠오른다.

그러나 무엇보다 당시 너무 놀라워 지금까지도 생생하게 기억하는 것은, 이 멀고 먼 산티아고 길을 걷는 동양인 대부분이 한국인들이었다는 사실이다. 이 추세는 코로나19 팬데믹 사태 이전까지 바뀌지 않았다. 얼마나 많은 한국인들이 이 길을 찾고 있으면, 은퇴한 한국인 신부님이 산티아고 대성당에 상주하기로 했다는 소식까지 들릴까?(《가톨릭신문》, 2017.12.25: 24)

왜 이렇게 많은 한국인들이 산 넘고 물 건너 엄청난 비용을 감수하면서, 사서 고생하러 스페인까지 오나 궁금했다. 영성이 유달리 뛰어난 국민이어서? 아니 그보다는 뭔가 다른 이유가 있는 듯했다. 행복하지 않은 일과 그동안 받은 상처 때문에, 이를 치유하기 위해 이 머나먼 길을 순례하러 왔다는 느낌이 컸다.

편의점 수보다 많은 교회와 성당, 사찰이 전국 방방곡곡에 있는데, 우리 국민의 상처와 불행을 근본적으로 치유해 줄 곳, 치유해 줄 방법은 정녕 없단 말인가? 이 글을 쓰는 지금도 계속 던지는 질문이다.

2) 장면 둘: 출판 시장을 점령한 긍정심리학 서적

그 즈음 나 또한 상처와 번민을 해결하지 못해 방황하며 치유법을 찾고 있었다. 우선 쉽게 주변에서 찾을 수 있는 방법이 책을 읽는 것이었다. 눈치챘겠지만, 그때 읽은 책은 마음 챙김, 명상, 치유, 영성, 행복론 같은 종류로, 대부분 명상과 치유, 자기 계발 및 심리학과 관련된 것이었다. 얼마나 많은 이들이 이런 종류의 책을 찾는지, 대형 서점의 주요 동선과 판매대는 이런 서적으로 가득 차 있다. 한국 사회에서는 지금도 여전히 그런 종류의 책이 베스트셀러가 되고, 스테디셀러가 되고 있다.

이런 책의 결론은 일반적으로 '모든 것은 생각하기 나름', '행복은 마음속에 있다'는 이른바 긍정심리학을 기조로 한다. '마음의 근육'을 키우라는 것으로, 종교적 용어로 얘기하면 '주님의 뜻'이나 '내 탓'으로 받아들이라는, 일체유심조一切唯心造 같은 가르침과 일맥상통하는 내용들이다.

책을 읽을 때는 고개를 끄덕이지만, 마음 수련이 부족해서인지 쉽게 평정이 흐트러지고 화가 치밀어 오르는 때가 많다. 특히 사람과의 관계에서 더 그렇다. 어쨌든, 행복은 정말 마음만 먹으면 찾을 수 있는, 주관적이며 추상적인 것일까?

행복은 한자로 幸福이고, 영어로는 happiness다. 너무나 흔하게 쓰는 이 행복이라는 단어를 우리는 언제부터 쓰기 시작한 것일까? 국사편찬위원회 조선왕조실록 웹사이트(sillok.history.go.kr)에 들어가 검색창에 '幸福'이라는 단어를 치면 겨우 13개 단락만 뜬다. 그것도 을미사변이 일어났던 고종 32년(1895) 이후 기록뿐이다.

이를 통해 추정할 수 있는 것은, 일제의 영향이 크지 않았던 이전 시기 우리 선조들은 행복이라는 단어를 사용하지 않았다는 것이다. 동아시아가 유교(한자)문화권이었다는 것을 고려한다면, 중국이나 일본 또한 그랬으리라 생각한다. 그중 먼저 서양문물을 받아들인 일본이 'happiness'라는 단어를 '幸福'으로 번역해 사용했으며, 이것이 식민지 조선에 전파돼 사용되기 시작한 것이 아닌가 추정해 본다.

사실 먹고사는 기본적인 생존 문제에 급급해 '아침 드셨냐'는 인사에 익숙했던 당시 한국인들에게 행복이라는 단어 자체가 생뚱맞거나 한가한 얘기로 들릴 수도 있겠다. 어쨌든 대한제국 시대를 거치면서 행복이라는 단어는 한국 (언어)사회에서 보편적 시민권을 획득했으며, 모든 사람들이 가장 좋아하는 단어로 자리 잡았다.

3) 장면 셋: 자살률 1위, 출생률 최저의 한국

우리나라에서는 매년 똑같은 제목, 똑같은 주제의 기사가 언론지상에 오른다. "올해도 1위를 했다"는, 부끄럽게도 자살률 1위 기사다. "OECD경제협력개발기구 국가 중 자살률 1위 한국"이라는 치욕스러운 타이틀을 받은 지 벌써 16년째다(2018년 통계 기준). 2017년 리투아니아가

OECD에 가입하면서 2003년부터 지켜온 1위 자리를 한 해 동안 잠시 내주긴 했으나, 2004년부터 줄곧 1위를 하고 있다. 한국 사회가 말 그대로 헬조선임을 가르쳐주는 단적인 지표다.

OECD 국가 간 연령표준화 자살률에 따르면, 2018년을 기준으로 인구 10만 명당 우리나라의 자살률은 24.6명으로 OECD 회원국 중에서 가장 높은 것으로 나타났다. OECD 국가 평균은 11.3명으로, 우리나라는 그 두 배 이상 높아 자살공화국이라는 오명을 쓰고 있는 것이다. 주목할 것은 특히 10~30대의 사망 원인 1위가 자살이라는 것이다. 그중에서도 20대 사망 원인의 51.0%가 자살이었다(≪뉴시스≫, 2020.9.22).

가장 최신 자료인 2019년 사망원인통계(통계청, 2020.9.22 발표)에 따르면 자살에 의한 사망자 수는 총 1만 3799명으로 2018년보다 129명이 늘었다. 하루에 38명이 스스로 생을 마감하는 극단적 선택을 하고 있는 것이다.

또한 선진국의 경우 노인자살률이 60대 이후가 되면 감소하는 추세인 데 반해, 우리나라는 오히려 연령에 비례해 증가하는 추세다. 이는 고령이 되면서 행복도가 다시 증가하기 시작해 U 자형 곡선을 그린다는 세계의 일반적 추세와 달리, 우리나라는 점차 하향하며 사선 형태를 나타낸다는 조사 결과와 관련된다. 노인자살률이 전체 자살률의 두 배 이상으로, 자살자 중 1위를 차지하는 부류가 65세 이상의 독거노인이다. 이뿐 아니라 50대 고독사가 가장 많은 곳이 한국이라는 보도도 있었다. 이렇게 우리나라는 전 세대에 걸쳐 자살률이 높다.

한국의 악명 높은 자살률은 너무 자주 들어 이젠 그 심각성에 무감각해질 정도까지 이르렀다, 늑대와 양치기 소년 우화처럼! 나는 처음 이

데이터를 접하고는, 급속한 압축성장을 거치며 어쩔 수 없이 직면한 불가피한 상황으로 받아들였다. OECD 국가라면 대부분 선진국인데, 그중 행복도 꼴찌를 반영한 것이라면 어느 정도는 해석이 가능하지 않겠는가 생각한 것이다.

그런데, 그런데 말이다. 이게 전 세계를 대상으로 한 조사 결과라면 상황은 달라진다. 갤럽이 2014년 세계 각국을 대상으로 조사한 자료에 따르면, 한국의 자살률은 143개국 중 3위였다. 반대로 행복도와 유사한 긍정경험지수는 118위로 최하위권이었다.

이러한 추세는 최근까지도 여전하다. 2017년 5월 세계보건기구^{이하} WHO가 발간한 「2017년 세계보건통계」에 따르면 한국의 자살률은 조사 대상 183개국 중 4위를 기록했다. 기막힌 순위다. 스리랑카, 리투아니아, 가이아나 다음이다. 이를 발표한 WHO도 놀랐는지 "한국은 세계은행이 분류한 '고소득국가High-income country' 중 상대적으로 높은 수준이어서 주목된다"라고 설명을 달았다(연합뉴스, 2017.5.18).

자살률이 높은 나라 대부분은 우리나라보다 소득수준이 현저히 낮은 후진국이거나 체제가 불안한 나라인데, 1인당 국민소득이 3만 달러를 넘는 세계 10위권 경제대국 한국의 자살률이 세계 최고 수준이라니 말이 되는 소린가? 이건 한국 사회에 뭔가 심각한 문제가 있다는 것을 가르쳐준다.

'출생률 최저'라는 자랑스럽지 못한 소식도 계속 들려온다. 2017년 우리나라의 출생아 수는 40만 명 선이 무너져 35만 명대로 추락했고, 합계출산율 역시 1.05명으로 떨어지더니, 2019년에는 1명 미만(0.92명)으로 떨어졌다. 출생 통계 작성(1970) 이래 최저치로, OECD 국가 중 유일한 '출생률 1명대 미만' 국가로 기록된 것이다. 심지어 2020년 2분기 합계출산율은 역대 최저인 0.84명으로 떨어지기도 했다. 망국 현상인 인구 절벽이 가속화되고 있는 것이다.

혼인 건수도 2016년에 연간 30만 건이 깨진 이후 매년 급속도로 줄어들고 있다. 10여 년 후에는 한국에서 1인 가구가 대세일 것이라는 전망도 나왔다. 이미 2020년 4월 기준으로 1인 가구 비율이 전체 가구 수의 40%에 육박하고 있다.

한편 2019년 우울증으로 병원을 찾아 진료를 받은 환자는 약 80만 명으로, 2012년 59만 명에 비해 20여 만 명이나 증가했다. 2020년 상반기에만 약 60만 명이 진료를 받아 2020년에는 우울증 환자가 100만 명을 돌파할 것으로 예상되기도 했다. 주목할 것은 20·30대와 70대 이상에서 우울증 환자가 늘어나고 있다는 점이다. 이 추세는 자살률하고도 밀접히 관련된다. 20·30대에서 우울증 환자가 급증하고 있다는 사실은 N포세대, 이생망, 무민세대라는 자조 섞인 말과도 무관하지 않다. 나라의 미래를 이끌어갈 청춘들이 이렇게 우울할진대 한국은 희망이 있겠는가?

한국인의 43.5%가 만성적 울분 상태에 있다는 보고도 있다. 세계 정신의학계에 보고된, 우리나라에만 있는 정신질환도 있다. 화병wha-byung이 그것이다. 한국 남성의 술 소비량이 세계 3위라는 조사 결과(2010)도 있었다. 예전에는 잘 보이지 않던 분노조절장애 범죄가 자주 발생하고 있다.

언제부터인가 한국 사회는 헝그리hungry 사회에서 앵그리angry 사회로 급변했다. 분노조절장애는 재벌 기업 오너 집안만의 고유한 증세가 아니다. 나는 한국의 우울증 환자 수가 80만 명이 아니라 실제로는 그보다 몇 배 더 될 것이라 확신한다. 마음속에 화나 분노를 품고 살면서도, 정신과 등 병원에 가서 치료를 받지 않고 스스로 참고 사는 이들이 부지기수라고 생각하기 때문이다.

어쩌면 우리는 한국이라는 거대한 정신병동에 살고 있는 것은 아닌가? 실제 한국이 헬조선이 아니라면 이런 결과가 나올 수 있겠나? 뭔가 심각한 문제가 한국 사회에 내재해 있다는 것인데, 도대체 무엇이 문제인가 질문을 하게 된다.[1]

2 행복 공부를 시작하다

1) 공부를 시작하며 바뀐 질문

행복이라는 단어를 처음 접했을 때 반사적으로 품은 느낌은 이랬다.

헬조선에 살면서 무슨 한가롭게 행복 타령인가? 청년에서 노인에 이르기까지 불행한 사람들이 널려 있는데 혼자 행복이나 찾다니……. 한국 사회에서 행복은

---

1   정부도 그 심각성을 아는지 2018년부터 자살예방국가행동계획을 세워 적극적으로 대응에 나서고 있지만, 그 대책이라는 것이 근본 처방은 될 수 없다고 생각한다. 자살률 증가의 주요 원인은 사람들이 행복하지 않기 때문이다. 아니 행복은커녕 이 땅에 사는 것이 지옥(헬조선) 같기 때문이다. 그 이유는 사회경제적 불평등과 가족관계 등 공동체의 붕괴, 즉 사회적 유대감 저하와 깊은 관련이 있다. 그렇다면 그 주요 원인을 해결해야 근본적으로 처방할 수 있다는 말일 텐데, 그 대책이란 것이 게이트키퍼 양성 등이니 하는 말이다.

성적순, 소득순이 아닌가? 행복을 찾기 위해서는 자기 계발을 끊임없이 해야 하고, 무한 경쟁사회에서 살아남아야 하는 게 아닌가? 설사 행복이 소득과 무관하다면 스스로 행복해지기 위한 마음 (다스림) 훈련이 필요한 게 아닌가? 명상과 치유가 행복을 찾기 위한 길이 아닌가? 그런데 명상으로 한 개인의 마음이 편해진다 해서 사회가 행복해지겠나?

이렇게 행복은 사회와 시스템, 정부 정책과는 무관한, 개인적이며 주관적 담론으로 비쳐온 게 사실이다. 이러한 생각을 하는 것은 나만이 아닐 터다. 그런데 세계 최고의 자살국가라는 커다란 망치에 머리를 맞고서, 비로소 "왜 난 불행한가?"에서 "왜 우린 이렇게 불행한 나라에서 살고 있나?"로 질문이 바뀌었다.

2) 행복 관련 서적 탐독

이러한 질문을 하는 이는 나만이 아닌 듯, 그 해답 찾기는 출판계에 그대로 반영됐다. 행복학이나 긍정심리학 관련 서적 외에, 세계에서 가장 행복하다는 나라들에 대한 책이 하나둘 출판되기 시작한 것이다. 덴마크와 스웨덴 등을 다루며 휘게와 라곰을 이야기하는 북유럽 관련한 서적들과 함께, 몇 년 전에는 급기야 부탄 열풍까지 불었다(일본에서는 이미 2010~2011년에 부탄 열풍이 불었다). 문재인 대통령까지 야인 시절 부탄의 국민총행복Gross National Happiness: GNH에 대해 관심을 표명할 정도였다.

관심 있게 서점을 뒤져보았더니 행복경제학과 관련된 책들도 이미

그림 1-2

행복한 나라 관련 국내 서적들

여러 권 번역돼 나와 있었고, UN의 「세계행복보고서World Happiness Report」도 일부가 번역·편집되어 3권이나 출판돼 있음을 깨달았다. 목마른 사슴이 시냇물을 찾듯, 관련 서적을 닥치는 대로 구입해 읽기 시작했다.

3) 너무나 다른 행복한 세 나라

비슷한 시기(2017) 나는 감사하게도 20여 년 전부터 버킷리스트로 마음에 담아두었던 두 나라, 코스타리카와 부탄을 방문할 기회를 얻었다. 내가 평화 교육을 고민할 때, 코스타리카가 이미 1948년에 '비무장 국가'를 선언했다는 얘기를 듣고 흥미를 느끼기 시작했다. 부탄은 20여 년 전 세계 국립공원 관련 자료를 찾다가 "관광객을 일정 수 이내로 통제하는" 히말라야 왕국이 있다는 짧은 기사를 보고 그때부터 마음에 담아두었다. 모든 나라와 지역들이 관광객을 유치하지 못해 안달인데

행복한 국가가 이루는 삼각형

덴마크·핀란드·아이슬란드·노르웨이·스웨덴 등 북유럽 5개국을 북유럽 국가로 아우르고, 부탄, 코스타리카와 직선으로 연결해 보니 삼각형 형태를 띠었다.

관광객을 제한한다, 그것도 가난한 나라가? 도대체 어떤 나라일까 강렬하게 뇌리에 박혔다.

우연의 일치인지, 최근 두 나라 모두 '세계에서 가장 행복한 나라'로 알려졌다. 세계지도를 펴보았다. 두 나라와 또 다른 행복한 나라로 알려진 북유럽 국가를 직선으로 연결해 보았다. 세 곳은 너무나 멀리 떨어져 있는데, 북유럽 국가를 꼭짓점으로 셋을 연결하니 〈그림 1-3〉과 같이 삼각형 형태를 띠었다.

궁금했다. 북유럽과 남아시아의 히말라야 왕국 부탄, 그 지구 반대편에 있는 중미의 코스타리카. 소득수준에서 차이가 나고, 인종적·지리적·역사적·사회경제적 조건과 배경이 각기 달라 공통점이라고는 찾을 수 없을 것 같은데, 왜 이 세 곳의 나라들이 '행복한 나라'로 불리는 것일까?

복지국가로 알려진 북유럽 국가라면 모를까, 최빈국이라는 부탄이 가장 행복한 나라라니. 그뿐 아니라 국민소득이 한국보다 3분의 1 수준인 코스타리카가 가장 행복하다고? 도대체 이 나라들의 공통점은 무엇일까? 궁금증이 꼬리를 물었다. 이어지는 내용은 이런 궁금증을 해결하기 위해 그동안 공부하고 탐색한 결과이며, 나 나름의 해석이다.

공통점을 이야기하기 전에, 세 나라의 역사적·문화적 배경부터 살펴보도록 하자.

3 세 나라의 문화적 특징

1) 부탄: 불교적 세계관

부탄은 불교 왕국이라 할 만큼 불교의 영향력이 매우 크다. 부탄 국민의 정신세계와 공동체 생활이 불교를 중심으로 이루진다고 보면 된다. 부탄 정부와 국민의 행복관은 티베트불교에 깊이 뿌리내리고 있다.

부탄 사람들은 모든 존재가 인과관계로 연결돼 있다는 연기법緣起法을 믿는다. 여기서 모든 존재는, 사람만이 아닌 자연도 포함된다. 즉 인간과의 관계뿐만 아니라, 자연과의 관계 또한 공존·공생해야 한다는 세계관을 가지고 있다(박진도, 2017: 39~40). 그래서 이들은 자식이 성공하게 해달라, 재물이 많아지게 해달라 기도하지 않는다. 자연이 그대로 제자리에 있기를 기원하고, 자기 자신이 아니라 남을 위해 기도한다. 한국의 이른바 고등종교라는 집단의 기복화된 기도와 비교해 보라.

그림 1-4

부탄 여행의 핫 플레이스, 탁상사원
2017년 7월 1일 필자 촬영.

행복하려면 자기 자신과의 관계는 물론이고, 사람과 자연과의 관계도 좋아야 한다. 그렇다면 부탄 사람들은 이런 불교적 가치관으로 인해 행복한 것이라 할 수 있겠다.

또한 부탄 사람들은 공동체 의식이 높다. 산악 지역에 흩어져 고립되어 살아가면서 자연스레 체득한, 강력한 연대와 협력의 미덕을 갖추고 있다. 부탄 국민을 대상으로 행복지수를 조사하면 매우 높은 수치가 나오는 것도 이런 불교적 세계관과 사회적 유대감이 크게 작용한 것으로 보인다.

2) 코스타리카: 푸라비다의 나라

한편 도저히 이해할 수 없는 나라들이 있다. 바로 중남미 나라들인데, 이 나라들은 소득수준이 그다지 높지 않고, 부패지수도 높으며, 치안 상태가 엉망인데도 긍정감정지수를 조사해 보면 매우 높게 나온다. 도대체 이유가 뭘까?

주로 스페인어를 쓰는 중남미 주민 대다수의 종교는 토착신앙과 융합된 가톨릭이다. 이들 중 상당수가 매주 성당에 나갈 정도로 신앙심도 깊다. 이렇듯 신실한 가톨릭 지역이지만, 많은 중남미 국가가 동성결혼을 법적으로 인정한다. 남녀평등도 선진국에 뒤지지 않으며, 사회적 분위기나 집단주의를 명분으로 개인의 자유를 구속하지도 않는다. 이들이 전 세계에서 '삶의 자유'를 가장 만끽한다는 조사 결과도 있다.

그중에서도 단연 독보적인 나라가 있는데, 바로 코스타리카다. 코스타리카인의 인사말은 '푸라비다pura vida'다. 직역하면 '순수한 삶'이라는 뜻이지만 실제로는 '충만한 삶'을 일컫는데, 거의 모든 인사를 이 말로 대신한다. 관계를 매우 중시하는 코스타리카 문화를 상징하는 인사말이다.

중남미인들에게는 특유의 낙천성이 있다. 비록 GDP국내총생산는 낮지만, 같은 문항으로 행복도 조사를 해보면 한국이나 일본 같은 동아시아 국가보다 행복지수가 높게 나온다. 반면 한국이나 일본은 경제 수준이 비슷한 나라들에 비해 행복지수가 낮게 나온다. 그 이유를 집단주의가 매우 강한 풍토 탓으로 보는 분석이 있는데, 이에 대해서는 뒤에 자세히 살펴보기로 한다.

3) 북유럽 국가 1: 얀테와 라곰의 나라

북유럽 국가는 영미권에서는 대개 스칸디나비아 국가로 불리지만, 유럽권에서는 정치·사회·문화적으로 유사한 지역을 의미하는 '노르딕 Nordic'으로 불린다. 이 책에서는 '북유럽'으로 표기했다. 이 나라들은 일조량이 매우 적다. 겨울철에는 해를 보기 어려워 집 밖으로 거의 나오지 않아 '휘게Hygge'라는 문화까지 생겨났다. 매섭고 추운 겨울이 긴 탓에 우울증과 알코올 중독은 물론이고, 자살률이 높다고 알려지기도 했다. 그러나 이는 잘못 알려진 것이다. 핀란드는 1970~1980년대에 상대적으로 높은 자살률을 기록했지만, 그 이후 급격히 낮아졌다. 현재 북유럽 국가들의 자살률은 유럽의 평균 수준보다 높지 않은 편이다.

자살률을 강조하는 이들은 주로 미국인들이다. 2012년 영국 노동당 당수 에드 밀리밴드Ed Miliband가 한 "아메리칸 드림을 원한다면 핀란드로 가십시오"(파르타넨, 2017: 14)라는 말에 충격도 받았겠지만, 그것보다는 UN이 발간하는 「세계행복보고서」 행복한 나라 순위에 덴마크, 핀란드, 스웨덴, 노르웨이 심지어 아이슬란드까지 북유럽 국가 모두가 최상위권에 매년 오르고 있다는 사실에, 감탄과 시기가 오묘하게 결합된 표현으로 보인다.

최근 널리 알려진 대로 덴마크에는 얀테^{Jante}가 있고, 스웨덴에는 라곰^{Lagom}이 있다. 서로 사촌 격이다. 얀테의 법칙은 덴마크 사람들에게는 겸손의 십계명 혹은 행동 지침 격의 문화다. 내용을 요약하면 '자신이 다른 사람보다 더 낫다고 믿거나 그들을 가르칠 수 있다고 생각해서는 안 된다'는 것이다. 라곰은 스웨덴 사람들의 삶의 근간을 이루는 문화다. '적당히, 과하지 않게, 균형이 맞는' 등을 뜻하는데, 공자의 중용^{中庸}과 비슷한 개념이다. 라곰이 알아서 스스로 조절하는 개념이라면, 얀테는 다소 강제성이 내포된 개념이다. 좀 심하게 말하면 '뒤는 놈은 죽는 줄 알아! 알아서 기어!' 투의 느낌이랄까? 아, 그러고 보니 라곰이라는 단어는 "너무 많지도 너무 적지도 않은 딱 좋은 적당함"이라고 광고하는 화장품 브랜드로 우리에게 더 잘 알려져 있다.

얀테와 라곰 문화에 내포돼 있는 합리적 가치의 핵심은 이렇다.

> 모든 이를 형제자매로 여기며 공평하게 대하는 절제와 조화의 가치다. 역사적으로 공정함과 평등을 추구하는 노력은 스웨덴의 정치적 핵심 DNA나 다름없다. 스웨덴은 공정한 세금제도를 통한 부의 재분배로 사회복지국가를 일궈냈다. 평등을 제도로 명문화하고, 시민교육을 통해 공정과 평등의 정신을 심어왔다(오케르스트룀, 2017: 37).

이 글에서 스웨덴을 북유럽 국가로 바꿔도 똑같이 적용된다. 이는 북유럽 국가들의 정치적 DNA뿐 아니라 평등교육 정책의 배경이기도 하다.

4) 북유럽 국가 2: 바이킹과 루터교회

『라곰』의 저자 롤라 오케르스트룀Lola Åkerström은 "라곰에는 역사적
으로 루터교회와 청교도의 가치가 덧입혀졌다"라고 주장한다. 북유럽
국가 대부분이 루터교회 국가라는 점에서 이러한 분석은 타당해 보인
다. 이 외에도 이 국가들의 공통점은 바로 바이킹의 후예라는 점이다
(핀란드는 예외). 오케르스트룀은 이어 다음과 같이 말한다.

> 바이킹에게는 각자가 공동체의 구성원으로서 공평한 몫을 갖는다는 인식이
> 있다. 바이킹은 약탈을 마친 후 모닥불을 피워놓고 빙 둘러앉아 뿔로 만든 잔에
> 벌꿀 술 미드mead를 채워 이를 돌려가며 마셨다고 한다. 모두가 공평하게 마시
> 려면 한 사람이 많이 마시지 않고 다음 사람을 위한 배려가 필요하다. 만일 이를
> 어기는 자에게는 확실히 다른 종말이 기다리고 있었으리라(오케르스트룀, 2017:
> 36~37).

"확실히 다른 종말"이라는 문구에서 웃음이 빵 터지면서, '이거다!'라
는 확신이 들었다. 북유럽 국가의 공정과 평등 정신이 바이킹 문화와
루터교회에서 비롯됐다는 확신 말이다.

북유럽 국가 대부분의 국교가 루터교회지만, 그렇다고 그들이 교회
에 열심히 나가는 것은 아니다. 어쨌든 루터파 교인이 대다수라는 의미
다. 개신교라 하지만 예배 양식은 성공회와 마찬가지로 가톨릭교회의
미사 의례와 유사하다. 루터교회에 대해 매우 유익한 정보가 담겨 있는
에밀 라우센Emil Lavsen의 『상상 속의 덴마크』를 살펴보자.

덴마크의 국교가 복음주의 루터교회이고, 왕 또한 복음주의 루터교회의 일원이라고 '헌법'에 명시되어 있다. 사회민주주의 국가인 이 나라들이 왕이라는 존재를 아직도 인정하는 이유도 여기 있겠다 싶다. 태어나면서 거주지 교회에 자동 등록되는 덴마크 사람들은 출생·결혼·장례 등 일생의 중요한 순간을 교회와 함께하지만, 실제 교회 출석 인구는 3%도 채 되지 않는다. 기독교는 단지 문화적 흔적으로 남아 있을 뿐이지만, 기독교 윤리와 도덕은 북유럽 사람들의 삶의 태도로 깊이 자리 잡았다(라우센, 2018: 244~248).

자, 이제부터 행복한 나라의 비밀을 찾아보려 한다. 거창하게 '비밀'이라는 표현을 썼으나, 그건 은밀한 무엇을 찾는 것이 아니다. 바로 공통점을 찾는 작업이다.

2장
행복한 나라의 8가지 공통점

1 첫 번째 공통점: 평등

행복을 저해하는 가장 큰 요인, 불평등

평등을 얘기하기 전에 질투를 조금은 길게 얘기해 보려 한다. 왜 평등이 중요한지 이해하기 위해, 그리고 행복국가의 근본 요인이자 이후 언급할 8가지 공통점을 관통하는 중요한 열쇠라고 생각하기 때문이다.

1) 질투

● 모든 건 질투에서 시작되었다!: 질투와 행복의 함수관계

그간 어떤 인물과 관련해 정치사회적으로 이슈가 돼온 사건들을 살펴보면, 그 배경에 노골적으로 드러나진 않지만 질투라는 요인이 한 편에 오롯이 자리 잡고 있음을 깨닫게 된다. 물론 내가 과도한 일반화의 오류를 저지르는 것일 수도 있으며 절대적 요인이 아닐 수 있지만, 부

분적으로라도 일정한 영향을 끼쳤다고 생각한다. 질투는 남을 인정하는 가장 정직한 형태이기 때문이다.

성악설^{性惡說}의 원조 격 서사라 할 수 있는, 인류 역사상 최초의 살인 사건도 단순한 질투에서 비롯되었다. 만일 하느님이 카인과 아벨의 제물을 똑같이 받으셨다면 어땠을까?

어찌 된 일인지 하느님은 카인의 제물은 받지 않고, 아벨의 것만 받으셨다. 『성서』에는 카인이 수확한 곡식을 바쳤다고만 했지, 형편없는 곡식을 올렸다고는 쓰여 있지 않다. 땀 흘려 농사지은 곡식을 바쳤는데, 신은 동생 아벨이 바친 양만 기꺼이 받아주셨으니 카인이 느꼈을 섭섭함과 시기, 질투는 어쩌면 당연한 것이라 하겠다.

● 나는 질투한다, 고로 존재한다

제임스 딘^{James Dean}을 스타 반열에 올려놓은 영화 〈에덴의 동쪽〉의 주제도 그렇고, 수많은 신화의 단골 주제가 질투였다. 왕위 다툼을 둘러싼 골육상쟁의 실제 역사 또한 질투와 시기가 크게 한몫했다.

명예욕을 가진 사람이라면 누구나 나폴레옹을 부러워할 것이다. 나폴레옹은 카이사르를 부러워했고, 카이사르는 알렉산드로스를 부러워했으며, 알렉산드로스는 틀림없이 실재하지 않는 인물인 헤라클레스를 부러워했을 것이다(러셀, 2005: 98).

버트런드 러셀^{Bertrand Russell}이 남긴 말이다. 세상을 다 가졌던 그들조차 이렇게 시샘하는데, 우리 같은 범인들이야 더 말할 것도 없다. 우리 모두 카인의 후예가 아닌가?

영화 〈기생충〉에 나오는 반지하방에서 2층으로만 이사 가도 행복하고, 월셋집을 전전하다 빌라를 전세로 얻어 이사 가면 내내 행복할 것 같지만, 그 흐뭇한 감정은 잠시뿐이다. 조금만 지나면 길 건너 아파트를 보며 '우린 언제 저기로 이사 가나' 부러워하는 것이 사람 마음이다. 다시 절치부심해 오랜 기간 아껴 쓰고 저축하며 '노~력'하여 24평짜리 아파트를 겨우 장만해도 행복감은 그리 오래가지 않는다. 더 큰 평수인 32평이나 45평 아파트를 쳐다보게 마련이다. 이럴진대 갑자기 옆 동네 아파트 가격이 수억 원이나 뛰어올랐다면 그 마음이 어떻겠는가?

오매불망 고대하던, 한국 모든 중산층의 로망이라는 강남 사람이 된 김 씨는 국산 고급 차를 몰고 다녀도 행복하지 않다. 아파트 지하 주차장은 벤츠, BMW, 아우디 같은 고급 외제 차 일색이기 때문이다. 오히려 내가 모는 차가 초라해 보인다.

TV 예능 프로그램에서 인기를 끄는 출연자들은, 질투를 유발할 만큼 잘생기거나 똑똑해 보이기보다 조금은 못나 보이고 약간 어리숙해 보이는 이들이 대부분이다.

2) 불평등: 질투를 증폭시키는 행복의 주적

2021년 현재가 행복한가, 아니면 '응답하라 1988' 시대가 행복했나를 사람들에게 물어보면 두 시대를 경험했던 이들 대부분이 후자가 행복했다고 답한다. 왜 그런지 질문을 이어보면 여러 가지 답이 나오지만, 그 시대를 살았던 대부분이 '비슷하게 못살았기 때문'이라고 나는 생각한다. 그때는 질투할 일이 별로 없었더랬다. 그래서 삶은 풍족하지 못해도 행복했다. 그런데 지금은 눈꼴 시린 것들이 너무 많다. 너무 비교할 것이 많고, 너무 질투할 것이 많다.

오죽하면 행복을 찾아 떠난 꾸뻬 씨가 여행에서 가장 먼저 찾은 "행복의 첫 번째 비밀은 자신을 다른 사람과 비교하지 않는 것"(를로르, 2004: 32)이라고 고백했을까?

네가 가지면 나도 가져야 한다. 우리 자신이 부유한지 가난한지 느끼는 것은 우리의 이웃과 친족, 친구, 직장 동료가 얼마를 소유하고 있는지에 달려 있다. 여기서 소유는 사회적 지위까지 포함한다. 러셀은 "거지들은 자신보다 형편이 나은 거지들을 부러워하지 부자들을 부러워하지 않는다"(러셀, 2005: 100)라고 말했다. 문제는 이 비교 방향이 위로 향하지 결코 아래로 향하지 않는다는 것이다. 또한 과거와 비교하는 절대적 비교는 하지 않는다. 오직 현재에 대한 상대적 비교만이 중요하다.

이러한 비교는 1997년 IMF 구제금융 사태 이후 크게 증폭되었다. 러셀이 지적했듯이 질투는 경쟁과 밀접한 관계가 있다. 1997년 이후 경쟁사회에서 살아나려면 '각자도생만이 살길'이라는 인식이 우리 국민의 뇌리에 깊게 박혔고, 질투 또한 커져갔다.

"사촌이 땅을 사면 배가 아프다"라는 속담은 한국에서만 통용되는 얘기가 아니다. 정도 차이는 있겠으나 지구촌 공통의 보편적 진실이다.

다시 돌아와 하느님이 카인과 아벨을 차별하지 않고 공평하게 대했다면 어떻게 되었을까? 그런 비극적인 일은 일어나지 않았을 것이다. 불평등이야말로 질투를 뛰어넘어 분노와 증오로 감정을 증폭시키는 행복의 주적이다. 현재 한국 사회가 특히 그러하다.

3) 평등

● 덴마크와 스웨덴: 얀테의 법칙과 라곰

일반적으로 북유럽 사람들이 행복한 이유는 사회안전망이 완벽한 사회복지 시스템 덕으로 알려져 있다. 그러나 그보다 더 중요한 열쇠는 바로 북유럽인의 '평등과 겸손의 십계명'이라 일컫는 얀테의 법칙과 라곰에 있다.

| 얀테의 법칙 |

내가 특별하다고 생각하지 마라.

남들과 같은 위치에 있다고 생각하지 마라.

남들보다 똑똑하다고 생각하지 마라.

남들보다 더 나은 위치에 있다고 생각하지 마라.

남들보다 더 많이 안다고 생각하지 마라.

넌 남보다 중요한 사람이 아니다.

내가 무엇이든 잘할 것이라고 생각하지 마라.

다른 사람을 비웃지 마라.

누가 너에게 신경 쓴다고 생각하지 마라.

다른 사람을 가르치려고 들지 마라.

(뤼달, 2015: 154)

이 얀테의 법칙도 '인디언 추장의 편지'처럼 조금씩 내용을 달리해 여러 가지로 전승되어 왔다.

다시 말하지만 얀테의 법칙은 덴마크 사람들의 행동 지침 격 문화로, '자신이 다른 사람보다 더 낫다고 믿거나 그들을 가르칠 수 있다고 생각해서는 안 된다'(뤼달, 2015: 154)는 의미이다. 한마디로 '잘난 척하지 말고 겸손하라'는 뜻이다. 스웨덴 사람들은 중용과도 같은 라곰을 삶의 지침으로 삶았다. 이들은 왜 이런 태도를 삶의 미덕으로 삼고 있을까? 잘난 척 좀 하면 어때서.

일반 국민에 비해 '튀지 않기 위해' 이 나라 국회의원들은 양복보다 청바지나 캐주얼 복장을 즐겨 입는다. 특권도 별로 없다. 부자들도 되도록 자동차나 집을 티 내지 않는다. 입헌군주국인 이 나라 왕들도 그렇다. 질투가 얼마나 위험하고 이웃의 행복을 저해하는지 알기 때문이다. 교육 또한 1등이 되라고 가르치지 않는다. 1등을 위한 경쟁 대신 평등과 협동을 가르친다. 바로 공동체를 지키기 위해서다.

얀테와 라곰 문화에 내포돼 있는 합리적인 가치는 평등과 공정이다. 여기서 핵심은 평등이다. 공정은 평등을 위한 수단이다. 북유럽 국가들은 공정한 세금을 통한, 평등한 부의 분배로 복지국가를 일궈냈다.

또한 덴마크와 스웨덴에서는 비록 사유지라 할지라도 마음껏 들어가 야생 열매나 버섯을 채취할 수 있다. 심지어 야영하고 수영하며 모닥불도 피울 수 있다. 모든 사람에게는 자연지역에 접근할 수 있는 평등한 권리, 즉 자연접근권ALLEMANSRÄTTEN, Right of PuBLIc Access이 있기 때문이다. 스웨덴은 이 내용을 '헌법'에 새겼다.

● 바이킹과 탐라국: 평등한 공동체
이보다 앞선 역사지리적 배경으로 바이킹 시대가 있다. 북유럽 지역은 우리나라의 탐라^{耽羅(제주)}와 비슷한 점이 많다. 바다를 건너며 해적질을 하지 않을 수 없을 정도로 엄혹한 기후 환경과 척박한 토지가 서로 닮았다. 북유럽 지역은 국토의 60~70%가 산림이고 호수 면적도 넓어 경작지는 10%도 채 안 되었다. 당연히 먹고살 거리가 충분하지 못했다. 제주는 삼다^{三多}의 섬일 뿐만 아니라 비, 바람, 가뭄이 잦은 삼재^{三災}의 섬이기도 했다. 따라서 두 지역 모두 공동체 의식이 유달리 강했다. 코스타리카나 부탄도 마찬가지다.

바이킹이 점령한 지역의 영주가 "당신들의 왕을 만나고 싶다"라고 하자 바이킹들은 서로 쳐다보며 크게 웃었단다. "네가 왕이라 해라" 하면서 말이다. 평등한 공동체라면 지도자는 있을지 몰라도 군림하는 왕은 있을 수 없다. 군림하는 순간 그러니까 잘난 체하는 순간 질투와 시기의 대상이 되어 공동체가 붕괴된다는 것을 그들은 잘 알았다. 그래서 그들은 전투가 끝난 후 벌꿀 술인 미드를 공평하게 나누어 마셨다.

탐라국 또한 왕을 세우지 않고 고씨, 양씨, 부씨의 세 부족장이 돌아가며 대표 역할을 했다. 도둑, 거지, 대문이 없는 '삼무^{三無}의 섬'이 탐라이고, 해방 정국에도 민간 자치기구인 인민위원회 활동이 가장 활발했던 제주다. 지금은 삼무라는 말이 무색하게 강력범죄가 가장 많이 발생하고, 수눌음이라는 공동체 정신이 무색하게 시기와 질투, 무고와 송사가 난무하는 곳으로 변하고 말았다. 참으로 안타까운 일이 아닐 수 없다.

고립돼 있는 곳일수록 공동체가 살아 있는 반면, 질투가 피어날 가능성도 상존한다. 나눌 파이는 한정돼 있는데 그것을 특정한 사람이나 세력이 독식한다면 분란이 일어날 수밖에 없다. 공동체를 유지하기 위해서라도 질투를 유발하는 행위는 금지된다.

● 북유럽 국가: 평등 문화의 사회경제적 배경

2020년 3월에 발간된 「세계행복보고서 2020」은 이와 같은 평등 문화가 북유럽에 자리 잡은 사회경제적 배경으로, 근대 초창기까지 유럽 대륙이나 러시아에 남아 있던 노예제나 봉건제가 북유럽에는 없었다는 점을 든다. 농부는 상대적으로 독립된 지위를 보장받았고, 다수가 경작지를 소유하고 있었다는 사회경제적 조건에 주목하는 것이다.

그러나 나는 한참을 더 거슬러 올라가 바이킹 공동체라는 역사적 뿌리와, 검소함을 강조하는 루터교회, 겸손과 중용을 가르치는 얀테의 법칙과 라곰의 사회문화적 뿌리에 주목한다.

물론 북유럽에도 계층 간 충돌이 없었던 것은 아니다. 우리나라처럼 핀란드도 좌우 내전이 발생해 30만 명이 넘는 사상자를 내기도 했으나, 20세기 초반 역사적인 대타협을 이루어 사회적 신뢰의 초석을 쌓았다.

● 코스타리카: 소농평등주의 정신

북유럽과 유사하게 코스타리카도 "대농장이 적었고 토지 소유가 비교적 수월했기 때문에 식민지 시대부터 자유로운 소토지 자작농이 존재했다. 따라서 코스타리카는 가난하지만 비교적 자유롭고 평등한 농촌 사회를 형성할 수 있었다"(임상래, 2016: 88)고 한다. 이는 다른 중남미 지역과 달리 평등 문화가 일찍부터 뿌리내린 코스타리카의 특수한 사회경제적 배경이다.

『군대를 버린 나라』(2011)의 저자 아다치 리키야足立力也가 코스타리카 대통령 비서실장에게 "관광이 2대 기둥이라 하는데 커다란 호텔 같은 것은 보이지 않는군요?"라며 직설적으로 물었다. 그러자 비서실장은 이렇게 대답했다.

그렇게 막대한 자금을 한꺼번에 투입해 보세요. 그 이권을 둘러싸고 마피아 같은 조직이 들어오고 마약이 들어올 겁니다. 그것이 청소년에게 퍼지면 반드시 문제가 될 겁니다. 결국 뭐니 뭐니 해도 고만고만한 것이 가장 좋은 거예요(리키야, 2011: 32).

이 얘기를 들은 리키야는 충격을 받았는지 이렇게 자문한다.

자기 나라 경제에 대해 "고만고만한 것이 좋다"라고 잘라 말하다니 어느 나라에서 있을 수 있겠는가? 고만고만한 정도에서 만족하자는 것이 아니라, 고만고만한 것이 좋다고까지 하는 것이다. 코스타리카 사람들은 어떻게 된 것인가?(리키야, 2011: 32).

이 고만고만한 것이 최고라는 사고방식이 푸라비다 문화를 낳았다. '순수하고 소박한 생활과 인생'을 뜻하는 이 코스타리카 인사는 아등바등 하지 않고, 경쟁하지 않고, 고만고만한 것이 좋다는 삶의 태도를 추구한다. 바로 이것이 코스타리카 사람들의 행복 비결이다. 이는 북유럽 사람들의 라곰 문화와도 유사하다. 그렇다면 왜 이들은 이와 같은 사고방식을 갖게 되었을까?

리키야는 그 단초를 오래전부터 코스타리카에 회자돼 온 역사에서 찾는다. 바로 빈곤과 고립이다. 중미 지역은 스페인의 식민지로서, 멕시코 남단부터 코스타리카까지 과테말라 총독이 관할했다. 코스타리카는 행정과 경제, 사회 중심지에서 가장 멀리 떨어진 아메리카 대륙 최남단에 위치해 스페인 정복자들조차 빈곤과 고립이라는 보이지 않는 적과 싸워야 했단다. 바로 이러한 환경이 소농평등주의小農平等主義 정신을 낳았다는 것이다(리키야, 2011: 50). 북유럽의 바이킹과 비슷하지 않은가?

● 부탄: 티베트불교의 세계관

부탄은 토지가 없는 농민이 왕에게 토지를 나눠 줄 것을 청원할 수 있는 제도인 키두Kidu를 실시하는 등, 물론 풍요롭지는 않지만 농촌 지역사회의 평등이 중요한 물적 토대로 자리 잡고 있었다(박진도, 2017: 113~114).

그러나 부탄은 고만고만한 것이 최고라는 생각을 뛰어넘어 국민총행복이라는 개념을 처음으로 국가정책에 도입했다. 고립과 빈곤의 지리적 조건은 세 지역 중 가장 열악하다고 할 수 있다. 그런데도 그들은 평등한 사회와 공동체를 유지하기 위해 갖은 노력을 기울였다. 티베트불교의 세계관으로 개인의 행복이 아니라 평등한 공동체의 행복을 중시하는 문화를 만든 것이다.

● 세계성평등지수

세계경제포럼World Economic Forum: WEF이 매년 발표하는 세계성평등지수Global Gender Gap Report에서 코스타리카는 2018년 22위에 올랐다.

115위인 한국에 비해 대단히 높은 순위다. 아이슬란드가 1위, 노르웨이가 2위, 핀란드 3위 등 행복한 나라라는 북유럽 국가들이 최상위에 올랐다. 이 국가들은 2010년 여성 대통령을 배출했으며, 일찍부터 여성할당제를 시행해 많은 여성 정치인들이 활동하는 등 남녀평등을 실현하고 있다.

UN이 2016년에 발간한 「세계행복보고서 2016」에서 부탄은 84위에 그쳤다. 덴마크가 1위, 한국은 58위였다. 일인당 GDP 등에서 격차가 심했기 때문이다. 그러나 '웰빙(행복)의 평등' 분야에서는 부탄이 당당히 1위를 차지했다. 덴마크는 22위였고, 한국은 96위로 더 내려앉았다. 즉 부탄이 국민들의 평균적인 행복도가 가장 높은 나라라는 말이다. 비록 소득이 높지 않아도 부탄 국민들은 평등하게, 상대적으로 높은 행복도를 누리고 있다.

4) 죄 없는 질투, 죄 많은 인간

다시 돌아와 묻는다. 질투가 이렇게 무서운 괴물이라면 어떻게 해야 할 것인가? 질투하는 이들을 향해 종종 이런 비난과 조롱의 화살이 쏟아진다. '능력도 없는 게, 시기·질투나 한다', '자신이 가지지 못하니 배 아파서 그런다'.

하지만 앞서 살펴본 대로 질투는 인간의 본성이므로, 질투하는 이는 아무런 죄가 없다! 죄가 있다면 질투를 유발시킨 이들에게 있을 뿐이다! 나는 이것을 깨닫기까지 꽤 오랜 시간이 걸렸다! 남들의 시기 질투로 상처를 받았다면, 그들에게 섭섭해하거나 원한을 품지 말고 '내 탓이요' 하시라. 그 원인 제공자가 바로 나 자신이니 말이다.

얘기 나온 김에 한마디 덧붙이자면, 아무리 친한 친구 사이라도 자식 자랑은 하지 마시라. 자기 자식은 재수하고 있는데 친구 자식은 명문대에 들어갔다는 얘기를 들으면 앞에서는 '아이구! 잘되었네. 축하해' 하며 웃지만, 뒤돌아서는 '재수 없어!' 하는 것이 사람의 본성이다. 오죽하면 "기쁨을 나누면 질투가 되고, 슬픔을 나누면 약점이 된다"라는 비틀린 명언이 등장할까.

북유럽 국가, 코스타리카, 부탄 모두 20세기 대부분의 나라가 경험한 심각한 계급 분열과 경제 불평등 없이, 평등한 공동체 문화를 유지·발전시켜 왔다. 이는 매우 중요한 시사점을 제공한다. 질투를 유발하지 않는 평등한 사회일수록 사람들은 더 신뢰한다. 사회적 신뢰는 보편적 복지제도를 정착시키는 자양분이 되었다. 만일 북유럽 사회가 불평등이 심했다면 사회적 신뢰가 높지 않아 보편적 복지제도의 도입이 불가능했을 테고, 행복국가가 되기 어려웠을 것이다. 사회 갈등이 심하고 분열된 사회에서는 모든 이가 만족할 만한 보편적 복지제도의 도입이 어렵기 때문이다(Martela et al., 2020: Cha.7).

2 두 번째 공통점: 사회적 신뢰와 공동체적 유대감

개인의 행복을 결정하는 기본적인 요소로 건강과 교육, 주거와 환경을 들 수 있다. 이보다 더 중요한 것이 바로 사회적 연대감이다. 아무리 경제적으로 힘들어도, 이 사회적 연대와 신뢰가 살아 있다면 버틸 수 있기 때문이다.

심리학자 에드 디너Ed Diener와 마틴 셀리그먼Martin Seligman은 매우 행복한 사람과 그렇지 않은 사람의 유일한 차이는 "풍부하고 만족스러운 사회적 관계"의 유무에 있다고 했다. 가족, 친구, 공동체가 행복의 필수 조건이라는 말이다(벤-사하르, 2007: 195).

UN이 2012년부터 발행하고 있는「세계행복보고서」는 6개의 핵심 요소를 기준으로 국가별 평균값을 산출한다. 소득(일인당 GDP), 건강·기대수명, 삶의 자율성, 관대성(기부), 청렴도(부패 정도) 외에 사회적 지원social support이 포함된다. OECD가 2011년부터 매년 발표하는 더 나은 삶의 지수Better Life Index: BLI도 주택, 소득, 일자리, 교육, 환경 외에 공동체(사회적 관계) 항목이 들어간다. 그만큼 사회나 공동체가 행복도를 조사하는 데 중요한 기준이 된다는 뜻이다.

사회적 신뢰, 유대감, 공동체 의식이 행복한 나라의 두 번째 공통점이다. 이는 앞에서 다룬 평등과도 밀접하게 연동된다. 평등하기에 사회적 신뢰가 높고, 사회적 신뢰가 높기에 평등할 수 있다. 여러 가지 행복 요인이 있겠지만, 내가 가장 중요하다고 생각하는 점은 바로 이것이다. "인간은 사회적 동물"이라는 명제를 믿기 때문이기도 하다.「세계행복보고서」는 다음과 같이 말한다.

우리는 남들과 함께 있을 때 행복하고, 우리의 가장 보람 있는 경험은 보통 인간관계와 관련된 경험이다. 모든 사회에서 가장 중요한 관계는 사랑하는 사람들과의 관계인데, 직장에서의 관계, 친구와 공동체에서의 관계 또한 중요하다. 성공적인 사회는 사람들이 서로(가족구성원, 동료, 친구, 모르는 사람 포함)에 대해 높은 신뢰를 갖고 있는 사회다. 사회적 신뢰는 삶의 만족에 대한 느낌을 고무한다. 높은 사회적 신뢰는 모든 나이, 성별, 인종과 사회적 그룹을 포함하여 사람들 간의 강한 상호 존경을 바탕으로 형성된다.…… 공동체에서 우리의 행복과 웰빙은 협동의 가치에 의존한다(헬리웰 외, 2017: 80~82).

나라별로 배경은 다르지만, 부탄도 그렇고 코스타리카도 공동체 의식과 사회적 신뢰가 남다르다. 물론 북유럽 국가도 마찬가지다.

부탄은 정신적·문화적 배경(특히 불교)이 크게 작용하며, 코스타리카는 국가 형성 단계의 특수성에서 비롯된 바가 크다. 북유럽 또한 엄혹한 자연환경 속에서 생존을 위해 자연스레 터득한 문화로 볼 수 있다.

1) 부탄: 헌법에 공동체의 활력 규정

부탄은 개인들 사이의 사회적 유대의 중요성을 아예 '헌법' 9조에 규정하고 있으며, 국민총행복의 9개 영역 중 하나로 '공동체 활력'을 설정해 중요성을 강조하고 있다.

> 헌법 제9조: 국가는 공동체 생활에서의 협동을 유도하는 조건들과 확대된 가족 구조의 완전한 모습을 촉진하기 위해 노력해야 한다(박진도, 2017: 186).

"부탄 사람이 행복하다면 그 근거는 무엇인가"라는 질문에 거의 모든 부탄 사람들은 가족과 친족, 이웃 간의 사회적 유대와 사회안전망을 말한다. 즐거움과 어려움을 함께 나누는 공동체 문화가 확고한 것이다

(박진도, 2017: 174).

부탄 '헌법' 9조를 접하며, 이와 같은 내용을 우리 '헌법'에도 넣는 게 어떨까 생각한다. 살벌한 경쟁과 '각자도생' 사회로 전락해 버린 한국 사회, 마을뿐 아니라 심지어 가족까지 해체되고만 헬조선을 탈출하려면 말이다.

OECD에서 조사하는 '더 나은 삶의 지수' 중 사회적 관계 분야(공동체의 지원)에서 한국이 맨 꼴찌다. 객관적인 지표를 보더라도 사회적 관계가 완전히 붕괴됐다는 것을 알 수 있다. "당신이 힘들 때 도와줄 사람이 있느냐?"라는 질문에 "그렇다"라는 답변이 대상국 중 가장 적은 것이다. '가족, 친구, 이웃'이 해체되었기 때문에 자살률이 세계 최고일 수밖에 없다.

2) 코스타리카: 협동조합의 국가

근대 시기 코스타리카 이주민 대부분은 노예노동이 아닌 자신의 토지에서 손수 일해야만 했다. 이는 노예노동에 기반을 둔 이웃 나라의 대규모 플랜테이션과 대비되는 특징이다. 이로 인해 코스타리카는 일찍이 '평등주의 국가'로 알려졌으며, 협동과 공동체 의식이 강한 '농촌민주주의'가 농촌지역에 자리 잡게 되었다. 이러한 전통이 협동조합 국가 코스타리카를 있게 한 배경이다.

그림 2-1

타라주 커피로 유명한 코스타리카
타라주도 협동조합이다.

그림 2-2

코스타리카 산토스협동조합
우리나라에서는 대기업만 풍력발전사업을 하는 것과 달리 코스타리카에서는 풍력발전사업도 협동조합이 운영하고 있다. 2017년 6월 6일 필자 촬영.

코스타리카는 공동체적 속성이 강합니다. (개인들이) 독립성을 유지하면서 사회적 끈을 놓지 않죠. 반면 한국인은 과거의 공동체적 전통이나 급속한 경제발전 등을 고려할 때 어딘지 고립되어 있다는 느낌을 받습니다(≪한겨레신문≫, 2017.2.9: A23).

이는 아스트리드 헤닝옌센Astrid Henning-Jensen 코스타리카대학교 총장의 얘기다. 그의 눈에도 한국 사회의 공동체가 붕괴된 것으로 보였나 보다. 코스타리카가 공동체 문화가 살아 있다는 징표는 다음과 같은 기사에서도 살펴볼 수 있다.

아빠 데니스는 "친구들 모두 동네에 살고, 아이들 친구들과 그 부모들도 모두

이웃"이라며 "이 집 저 집 할 것 없이 드나들며 지내는 한 가족"이라고 했다(≪경

향신문≫, 2016.2.28: A1).

우리도 이러지 않았는가? 부모와 사별한 아이들을 마을 공동체가 키

워온 아름다운 전통이 있는 나라였지 않은가 말이다. 이젠 기억 속에만

아련히 남아 있지만……..

3) 북유럽 국가: 가족과 공동체를 유지하기 위한 사회복지 정책

누누이 말하지만 북유럽 사람들에게 삶의 근간을 이루는 문화가 얀

테와 라곰이고, 그 저변에는 역사적으로 바이킹과 루터교회의 가치가

각각 덧입혀 있다. 이러한 사회문화적 배경 속에 그들은 "행복한 공동

체 없이 행복한 개인은 존재할 수 없다"라고 주장한다.

그 공동체의 최소 단위가 가족이다. 이 가족을 가족답게 만드는 최

소한의 조건을 찾다 보면 행복의 다른 요소가 자동으로 보인다. 엄밀히

말해 북유럽 국가의 제반 노동, 사회복지정책은 가족과 공동체를 유지

하기 위한 정책들이다. 유급휴가, 출산휴가, 아빠 전용 휴가 등이 그렇

다. 앞서 살펴본 교육과 의료는 물론이고, 장애인과 노인의 소득보장,

노동자를 위한 최저임금과 실업수당 등의 정책도 그렇다. 한국이 헬조

선을 벗어나 행복한 나라가 되려면 무엇을 해야 하는지 그들은 가르쳐

준다.

핀란드 출신 저널리스트이자 작가인 아누 파르타넨Anu Partanen의 얘

기를 들어보자.

현대의 생활 방식이 사회, 특히 가족과 공동체의 전통적인 기반을 뿌리 뽑는 바람에 불확실성과 불안이 들어섰다고 탄식해 왔다. 여러 세대가 한 지붕 아래 살던 시절에는 가족의 의무를 공유했으며, 서로 잘 알고 친밀한 마을에서 살았기에 안정감을 누릴 수 있었다. 적어도 가족과 이웃한테서 도움을 받을 수 있다고 안심했다(파르타넨, 2017: 42).

(북유럽 국가가 놀라운 것은) 현대성을 추구하면서도 가족과 공동체 및 다른 사회 구성원 사이의 연결을 잃지 않았다(파르타넨, 2017: 58).

그렇다. 북유럽 사회는 개인주의나 자주성을 추구하면서도 가족과 공동체, 다른 사회구성원 사이의 연결을 잃지 않음으로써 행복국가를 유지하고 있는 반면, 한국 사회는 완전히 단절된 개별화와 각자도생, 적자생존의 사회로 전락하고 있다.

인용문의 첫 구절을 보면 한국의 과거가 떠오른다. '응답하라' TV 시리즈나 몇 년 전 끝난 TV 프로그램 〈윤식당 2〉가 인기를 끈 이유는, 우리가 상실한 이웃과 마을공동체를 쌍문동 골목과 가라치코라는 스페인 마을을 통해 추억처럼 끄집어낼 수 있었기 때문이 아닌가 한다.

마을공동체, 협동조합, 사회적기업 등도 행복의 주요한 요소이자 공간 단위다. 한국이 왜 마을 만들기를 해야 하고 사회적경제를 지원·육성해야 하는지 그 당위를 여기서 찾을 수 있다. 함께 행복하기 위해서다. '마을 만들기 사업 이후 행복해졌는가?'라는 질문에 마을 주민 다수가 '이전보다 그렇다'라고 답을 한다면 그건 성공한 거다. 그런데 많은 마을들이 마을사업 때문에 갈라지고 반목하기까지 한다.

4) 관계 속의 행복, 공공행복

『21세기 시민경제학의 탄생』은 '관계 속의 행복'이라는 관점으로 경제학을 재구성한 책이다(자마니·브루니, 2015). 여기서 저자들은 행복추구권이 처음 등장한 1776년 미국의 「독립선언서」보다 30년 앞선 1749년 이탈리아 철학자 로도비코 무라토리Lodovico Muratori에 의해 공공행복이라는 단어가 처음으로 등장했다고 강조한다. 즉 공공행복이라는 주제는 프랑스혁명 이전인 18세기 중반에 이미 유럽에 확고하게 자리 잡고 있었다는 것이다, 특히 이탈리아에.

그러나 이 책을 쓴 저자들도, 이보다 20년이나 앞선 1729년, 남아시아의 작은 히말라야 왕국 부탄의 법전에 "정부가 백성을 행복하게 하지 못한다면 그런 정부는 존재할 필요가 없다"라는 글이 새겨져 있는지는 몰랐던 듯하다.

여기서 '공공'이라는 수식어는 '행복'만큼이나 중요하다. 공공행복의 전통에서 보면 행복은 사회 속의 삶 밖에 있을 수 없으며, 공익을 좇는 애정 없이 사회는 존재할 수 없다. 다른 이와 척을 지며 혼자만 '부유'하게 살 수는 있지만, '행복'하려면 두 사람 이상이 함께 있어야 한다. 공공의, 관계 속의 행복이라는 개념, 나아가 공공행복과 시민덕성의 연결은 행복에 대한 이탈리아식 접근의 중요한 특성이자 요소다(자마니·브루니, 2015: 109).

한국은 지금 이 관계가 무너졌다. 따라서 행복이 있을 수 없다. 세계 최고의 자살률로 유명한 헬조선의 속살이다. 공공행복을 위해서라도 관계 회복이 절실하다. 이런 점에서 코로나19 사태 이전 트렌드였던

소확행은 긍정적인 면이 있기는 하지만, 그보다는 우려스러운 부분이 많은 것이 사실이다.

5) 복지제도와 사회안전망으로 뒷받침되는 공동체 의식

몇 년 전 문재인 대통령은 '사회적 가치'라는 개념을, 박원순 서울시장은 '사회적 우정'이라는 개념을 제시했다. 현재 한국 사회에 매우 필요한 어젠다를 던진 화두라고 생각한다.

행복도를 높이기 위해서는 공동체 강화가 필요하다. 마을 만들기와 협동조합 등 사회적경제는 그 운동과 일에 참여하는 이들의 이익만을 위한 것이 아니다. 그 과정을 통해 공동체성의 회복을 목표로 하는 것이다. 사회적 지원과 연대감(공동체성)의 회복이야말로 헬조선을 탈출하기 위해 함께 노력해야 할 중요한 과제다.

행복한 나라들의 사회적 유대감과 공동체 의식은 강력한 복지 시스템과 사회안전망으로 튼튼히 뒷받침되고 있다. 이는 선진 복지국가라는 북유럽 국가들만의 이야기가 아니다. 개발도상국인 코스타리카와 여전히 가난한 나라에 속하는 부탄조차 무상의료와 무상교육을 시행하는 등 최소한의 기본권을 지킴으로써 계층이동을 보장하는 사회적 지원 체제가 구축되어 있다.

북유럽 국가의 사회적 신뢰의 토대는 공평한 세율과 복지제도다. 이웃을 신뢰하는 이유도 그가 나와 똑같이 세금을 내며, 그에 따라 의료 서비스와 교육을 무상으로 받고 있다는 사실을 알기 때문이다. 나이와 성별, 소득과 재산, 인종과 종교에 관계없이 같은 기회와 같은 안전망을 누린다는 사실을 알기 때문에, 이웃과 경쟁하거나 부러워할 필요가 없다(부스, 2018: 78).

3 세 번째 공통점: 관용과 포용
성소수자와 난민에 대한 태도를 중심으로

2020년 1월 1일 자 ≪포브스≫는 ≪긍정심리학 저널Journal of Positive Psychology≫에 발표된 최신 논문을 인용해 "사회적 개방성이 높은 나라일수록 국민들이 더 행복하다"라고 보도했다. 여기서 사회적 개방성이란 자신과 다른 타인을 존중하고 포용하며 신뢰하는 정도를 말한다.

쿠바 크리스Kuba Krys 일본 교토대학교 교수와 폴란드 과학아카데미가 이끄는 연구 팀이 세계 90여 개국을 대상으로 조사한 결과, 스웨덴과 노르웨이, 스위스 같은 개방된 사회에 사는 시민이 다른 이들보다 행복하다는 결과가 나왔다. 연구 팀은 행복도를 측정하기 위해 「세계행복보고서」와 '세계가치조사World Values Survey'를 포함한 여러 데이터를 종합적으로 활용했고, 사회적 개방성 측정을 위해 세계가치조사 가운데 동성애에 대한 관용, 타인에 대한 신뢰, 청원서 서명 참여, 물질주의에 대한 신념 등 4개 항목에 대한 개인의 반응을 집계해 비교했다. 또한 개방적인 나라가 더 부유한 경향이 있음을 감안해 국가별 GDP를 배재하고 데이터 분석을 실시했다.

연구 결과 개방성 상위 5개국은 스웨덴, 노르웨이, 스위스, 캐나다, 뉴질랜드였고, 삶의 만족도(행복) 상위 5개국은 스위스, 캐나다, 노르웨이, 핀란드, 스웨덴이 차지해 전체적으로 두 요소 간의 상관관계가 높은 것으로 나타났다. 개방적이고 관용적인 사회에서 사회 구성원들이 더 행복하다는 것이 드러난 것이다(Travers, 2020.1.1).

행복한 나라의 세 번째 공통점은 관용tolerance과 포용acceptance이다. 이는 사회적 신뢰와도 밀접한 관련이 있는데, 구체적으로는 성소수자와 난민을 바라보는 그들의 태도와 정책에서 살펴볼 수 있다.

1) 덴마크: 선진적 성소수자 포용정책[1]

덴마크는 선진적 성소수자 포용정책으로 유명하다. 1933년 동성애를 범죄 항목에서 제외했고, 1976년 동성 성관계 허용 연령을 이성애와 마찬가지인 15세로 규정했다. 1981년에는 덴마크 정신병 목록에서 동성애를 뺐다.

1986년 결혼한 이성 부부와 마찬가지로, 동성 사실혼 부부에게 소득세를 징수하는 법을 통과시켰고, 그다음 해에는 성적 지향성을 이유로 한 차별 대우를 금지했다. 2년 후인 1989년에는 세계 최초로 동성애 부부가 공식으로 혼인신고 할 수 있는 법을 만들기도 했다.

10년 후인 1999년에는 세계 최초로 혼인신고 한 동성 부모에게 입양할 권리를 부여했다. 2012년에는 동성 연인이 교회에서 결혼식을 올릴 수 있게 했다. 한국의 일부 교회가 동성애를 죄가 있다고 단정하며 극히 혐오하는 것과 극명하게 대비되는 모습이다.

---

1   이 글은 안상욱(2018)에서 요약·인용했다.

그림 2-3

**덴마크 정부의 성소수자 안전과 웰빙, 동등한 기회
보장을 위한 추진 계획 표지**
자료: https://www.regeringen.dk/media/5348/
lgbti-handlingsplan.pdf

이런 과정을 거쳐 2018년에는 정부가 '성소수자 안전과 웰빙, 동등
한 기회 보장을 위한 추진 계획Handlingsplan til fremme af tryghed, trivsel og lige
muligheder for LGBTI-personer'을 공식 발표하기에 이른다. 같은 해 6월 6일,
장소부터도 의미심장하게 코펜하겐 시청 옆 무지개광장Regnbuepladsen에
서 덴마크 성평등부Ligestillingsministeriet를 비롯해 외무부, 법무부 등 13개
부처가 합동 기자회견을 통해 발표했다. 이 자리에는 당연히 라스 라스
무센Lars Rasmussen 덴마크 총리도 참석했다.

이날 기자회견에서 에바 한센Eva Hansen 성평등부 장관은 다음과 같
이 말했다.

덴마크 정부는 동성애자나 성전환자의 권리가 침해당하는 일을 용납하지 않
겠습니다. 성소수자 집단이 보편적으로 불안하고 좋지 않은 삶을 영위하는 현실
도 좌시하지 않겠습니다(안상욱, 2018.6.7).

'용납하지도, 좌시하지도 않겠습니다'라는 매우 단호한 어조로 장관이 성소수자들의 권리를 지키겠다고 선언했다. 매우 인상적이다. 한국에서는 이런 날이 언제 올까?

2) 스웨덴: 관용의 나라

1980년대 초반까지 스웨덴도 다른 나라와 마찬가지로 성소수자에 대한 편견이 심했다. 아이러니하게도 스웨덴에서 성소수자를 인정하게 된 계기는 1980년대에 에이즈가 확산되면서부터였다. 많은 문화계 유명 인사들이 자신이 성소수자임을 공개 선언하면서 성소수자 문제에 대한 관심이 커져갔다.

이 결과 1995년에는 동성애 연인들의 동반자 관계 등록이 승인되었고, 2009년 7월에는 동성결혼을 합법화하는 법이 통과되기에 이른다. 이어 스웨덴 교회 또한 동성결혼식을 받아들였다.

한편 1809년 최초로 행정감찰관제도를 시행해 옴부즈맨의 원조가 된 스웨덴은 평등 옴부즈맨을 두어 모든 형태의 차별을 감시하고 있는데, 성적 차별도 인종·장애인 차별 등과 함께 주요한 감찰 대상으로 설정했다.

스웨덴 또한 독일 등과 함께 난민 수용에 매우 관대한 유럽 국가 중 하나다. 인구가 약 1000만 명인 스웨덴은 2015년 한 해 동안 16만 3000명의 난민을 받아들였다.

16만 명이라니. 2018년 내전을 피해 제주로 몰려든 예멘인 숫자가 몇 명이던가? 500명도 채 안 되는 484명이었다. 이 정도 수의 난민을 둘러싸고 논란이 제기된 한국과 비교해 볼 만하다. 몇 달 동안 심사를 거쳐 난민으로 인정된 예멘인은 2명에 불과했고, 대부분 1년 체류 이른바 인도적 체류만 허가됐다. 그사이 이들은 무슬림 혐오에 시달렸다.

말이 나온 김에 한국의 난민 수용 현황을 살펴보자. 법무부의 『2017년 출입국·외국인정책 통계연보』에 따르면, 1994년부터 2017년까지 난민 신청자 총수는 3만 2733명(2017년에 9942명 신청)이었다. 이 가운데 심사 종료된 1만 9424명 중 난민 인정자는 792명에 불과했다. 나머지는 인도적 체류 허가자 1474명, 불인정자 1만 7158명, 철회자는 3738명으로 나타났다. 난민 신청자 중 겨우 2.4%만 난민으로 인정받았고, 1년 단기 체류만 보장하는 인도적 체류 허가를 받은 이들도 4.5%에 불과하다. 스웨덴과 비교할 것도 없다.

물론 스웨덴도 난민 유입이 많아지면서 사회문제가 발생하고, 이에 따라 이민자와 난민을 추방하자는 극우 정당이 득세하고 있다. 그러나 난민 추방을 반대하는 스웨덴 사회의 관용 전통은 여전히 강고하다.

3) 부탄: 성소수자 포용 분위기 확산 중

부탄은 어떨까? 동성애는 법으로도 금지돼 있다는데, 불교 국가여서 더 엄격하지 않을까? 그랬다. 부탄에서는 성소수자 문제가 금기시되어 왔다. 부탄 '형법' 213조에는 동성애가 불법이며 처벌 대상이 될 수 있다고 규정되어 있었다. 심지어 많은 부탄 사람들이 2008년 유명한 트랜스젠더 인사 데첸 셀돈Dechen Seldon이 커밍아웃 하기 전까지 부탄 내 성소수자의 존재 자체를 알지 못했다.

2013년 부탄에서 다시 몇몇 사람들이 공개 커밍아웃 하며 성소수자 문제가 점차 세상 밖으로 드러나게 된다. 불교 국가인 부탄에서는 일반적으로 성소수자를 죄인으로 생각하는 분위기였다. 그러나 2015년에 종사르 켄체 린포체^{Dzongsar Khyentse Rinpoche}에 의해 큰 분기점을 맞이한다. 그는 "성소수자를 관용하지 말고 존중해야 한다"라고 설법했다.

티베트불교에서 고승의 환생자 즉 환생한 승려를 일컫는 '린포체^{Rinpoche}'는 '소중한, 귀중한'이라는 뜻으로, 달라이 라마와 마찬가지로 일반 대중에게 존경과 추앙을 받는다. 티베트불교가 국교인 부탄에서 린포체의 말은 그만큼 권위가 있다. 그 린포체 중 한 사람인 종사르 켄체 린포체가 2015년 1월 부탄 사회에 큰 파장을 불러일으킬 얘기를 공개적으로 한 것이다.

> 진실을 이해하는가 못하는가는 성적 지향과 아무 관계도 없습니다. 게이, 레즈비언, 이성애자 등등은 아무 의미가 없다는 것이지요. 누가 먼저 깨달음에 이르지는 아무도 모르는 것입니다.…… 시대가 변하고 있으며, 우리는 정말 관용해야 합니다. 역설적으로 내가 의미하는 관용이란, 당신은 이 [성소수자]를 실제 관용해서는 안 된다는 것을 뜻합니다. 당신은 오히려 그것을 존중해야 합니다. 관용은 옳은 것이 아닙니다. 당신이 이를 관용한다면, 그것은 당신이 관용하는 대상이 잘못된 것이라 생각한다는 것을 의미합니다. 그러므로 당신은 그 이상으로 나아가야 합니다. 이[성소수자]를 실제로[있는 그대로] 존중해야 합니다([ ]는 필자)(WHITAKER, 2015).

켄체 린포체의 말은 동성애를 관용을 넘어 존중하라는 메시지다. 관용이라는 개념 속에는 잘못되었다고 판단하면서도 측은지심으로 대한다는 뜻을 내포하고 있으므로, 그런 판단 자체가 잘못된 것이라는 가르침이다. 그 자체로 인정하고 존중하라는 의미다.

켄체 린포체의 설법 이후 부탄에서도 동성애자에 대한 사회적 분위기가 바뀌기 시작했고, 실제 이는 부탄 방송을 통해 보도되기도 했다. 보건계 종사자인 성소수자 파상 도르지 Passang Dorji가 같은 해인 2015년 3월 11일 보건부장관을 만나 국영 TV에서 커밍아웃 하고 싶다는 의견을 밝힌 후, 부탄 공영방송 BBS Bhutan Broadcasting Service 채널 인기 프로그램에서 공개 커밍아웃 했다. 이후 국영 신문사 퀸셀 Kuensel에서 인터뷰하기도 했다.

부탄의 BBS는 2018년 5월 21일, 부탄 내 성소수자에 대한 "차별이 줄어들고 사회적으로 인정하는 분위기가 확산되고 있다"라고 보도했다(Dorji, 2018).

이러한 과정을 거쳐 2020년 12월 10일 상하원 합동회의인 부탄의회에서 동성애 합법화 법안을 참석자 전원의 만장일치로 통과시켰다. 부탄에서 동성애는 이제 더는 부자연스러운 관계로 간주되지 않게 되었다.

4) 코스타리카: 동성결혼을 지지하는 대통령 당선

2018년 4월 1일 코스타리카에서는 집권 여당 시민행동당의 후보 카를로스 알바라도 Carlos Alvarado가 대통령으로 당선됐다. 카를로스 알바라도는 소설가이자 언론인, 노동부 장관 출신으로, 38세에 대통령에 선출되어 코스타리카뿐 아니라 중남미에서 사상 최연소 국가수반에 올라 국제적으로 관심을 끌었다.

이보다 더 주목을 끈 것은, 국민 대다수가 가톨릭인 국가에서 동성 결혼을 지지하는 후보가 승리했기 때문이다. 카를로스 알바라도는 1차 대선 투표에 출마한 13명의 후보 중 유일하게 동성결혼에 찬성하는 후보였다. 결선 투표 상대였던 야당 국민회복당의 후보는 목사 출신 파브리시오 알바라도Fabricio Alvarado였는데 동성결혼에 반대했다. 당연히 동성결혼 문제가 대선 시기에 가장 큰 쟁점으로 떠올랐다.

결과는 놀랍게도 카를로스의 승리였다. 동성결혼을 지지하는 대통령이 나왔다는 것만 보더라도, 코스타리카가 성소수자에게 얼마나 관용적인 사회인지 알 수 있다. 대통령이 선출되고 세 달 뒤인 8월에는 코스타리카 대법원에서 동성결혼 금지에 대해 위헌 판결을 내렸다.

가톨릭교회와 코스타리카 내 복음주의 단체들은 오래전부터 동성결혼에 반대해 왔다. 중남미 전체도 비슷한 분위기다. 그러나 최근 몇 년 사이에 콜롬비아, 우루과이, 아르헨티나가 동성결혼 금지를 폐지했는데, 코스타리카의 대선 결과와 대법원 판결이 코스타리카뿐 아니라 중남미 전체의 사회 분위기에 전환점을 마련했다고 분석되기도 한다.

5) 한국

● 사회정의지수 중 사회적 포용/차별 금지 분야, 41개국 중 40위(2019)

우리나라의 사회정의 수준이 OECD와 EU에 속한 41개국 가운데

34위라는 연구 결과가 나왔다. 독일 베텔스만재단이 발표한 보고서 「2019년 사회정의지수Social Justice Index」에서, 한국은 조사 대상 41개국 평균인 6.09에 못 미치는 5.18로 34위를 차지했다.

사회정의지수는 사회정의 수준을 정기적으로 측정하기 위해 고안된 지표로, 베텔스만재단이 매년 발표하는 '지속 가능한 거버넌스 지표'에 근거한 양적 평가와 100여 명의 전문가그룹이 실시한 질적 평가를 합산해 최종 산출한다. 지수를 구성하는 항목은 빈곤 예방, 교육 기회, 노동시장 접근성, 사회적 포용과 차별 금지, 세대 간 공평성, 건강 등 크게 6개 부문으로 나뉜다. 우리나라는 이 지수 중 사회적 포용/차별 금지 부문에서 4.28로 꼴찌인 헝가리보다 한 단계 높은 40위를 기록해 최하위 수준임을 보여주었다.

이 부문과 관련해 보고서는 "(조사가 처음 시작된) 10년 전부터 한국이 가장 큰 점수 손실을 보이는 분야"라고 밝혔다. "국회에서 여성이 차지하는 비중이 17%로 조사 대상국 중 가장 낮고, 장기적인 사회결속에 필수적인 소득불평등(지니계수 34위)도 여전히 높다"라는 것이다. 전문가들은 "특히 한국은 여성, 이민자, 성소수자LGBT 국민, 탈북자들에 대한 차별이 주요 문제로 남아 있다"라고 평가했다(Hellmann et al, 2019).

이 연구에서 사회정의지수가 가장 높은 나라는 아이슬란드로 7.9였고, 이어 노르웨이 7.68, 덴마크 7.67, 핀란드 7.24, 스웨덴 6.98 등 북유럽 국가들이 상위를 차지했다. UN의 「세계행복보고서」에서 최상위를 차지한 북유럽 국가들이 사회정의지수 역시 최상위라는 점에서, 사회적 포용과 차별을 배제하는 사회정의가 행복의 필수 요건임을 확인할 수 있다.

● BBC 글로벌 설문조사 중 관용도, 27개국 중 26위(2018)

2018년 4월 22일, 입소스Ipsos는 'BBC 글로벌 설문조사: 분열된 세계?BBC Global Survey: A world divided?'의 결과를 발표했다(https://www.ipsos.com). 이에 따르면 사람들이 "배경, 문화 또는 관점이 다른 사람들에게 얼마나 관용적인가?"라는 질문에 한국 응답자 중 20%만이 "매우 관용적"이라고 답했다. 입소스는 이것이 "최소 허용 수준의 답변"이라는 친절한(!) 설명을 덧붙였다. 이는 조사 대상 27개국 중 26위로, 16%로 꼴찌를 차지한 헝가리를 제외하면 한국이 가장 부정적 답변이 많은 나라임을 알려주었다. 세계 평균 응답률은 46%였다.

정치적 갈등 문제로 좁혀보면 한국은 더 심각하다. 조사 결과에 따르면 한국 사회를 분열시키는 가장 큰 갈등 요인은 '다른 정치적 견해를 가진 사람과의 갈등'이 61%로 조사됐다. 같은 질문에 벨기에 21%, 프랑스 23%, 스웨덴·이탈리아 26% 등 연립정부가 일상화된 유럽 국가들의 응답률이 20%대인 것을 보면 얼마나 심각한지 알 수 있다. 한국이 연정과 협치가 힘든 이유를 알 만도 하다. 두 번째 갈등 요인으로 빈부격차를 든 응답도 44%로 평균응답률 36%보다 높은 수준이다.

이 입소스 조사에서 또 주목할 것은, 가장 신뢰할 수 없는 집단으로 "다른 정치적 견해를 가진 사람들"을 꼽은 한국인들이 가장 많았다는 사실이다. 응답률 35%로 조사 대상국 중 가장 배타적인 것으로 드러났다. 이는 앞의 "정치적 견해가 다른 이와의 갈등" 61%와 연동되는 내용이다. 이뿐만이 아니다. "다른 사람을 신뢰할 수 있느냐?"라는 질문에도 한국인은 12%만이 "그렇다"고 답했다. 사회적 신뢰가 거의 없고 바닥 수준임을 말해준다.

앞서 살펴본 조사 항목들은 서로 관련이 깊다. 타인에 대한 신뢰감이 매우 낮기 때문에 관용도 없다. 관용이 없기 때문에 신뢰감이 없다고도 볼 수 있다. 여하튼 이 조사는 지금 한국 사회가 매우 심각한 분열과 위기 상황에 처해 있음을 말해준다.

사회적 합의가 매우 어렵다. 자기주장만이 앞선다. 나와 다른 입장과 견해를 수용하기 어렵다. 중립과 중용은 회색으로 낙인찍힌다. 언제부터인가 자신과 조금만 달라도 배제하고, 적으로 취급하는 풍토가 광범위하게 확산되었다.

앞의 조사 결과에서도 드러나듯 정치 분야는, 특히 선거 시기에는 더 심하다. 그 최전선에 '팬덤'이라는 돌격대가 자리 잡았고, 지금도 여전히 유력 정치인들은 그걸 즐기기까지 한다. 지방자치 선거가 실시되면서 이런 현상은 더 심해졌다. 심지어 동료와 이웃 간, 심지어 마을까지 편 가르기로 찢어놓고 있으니 말이다. 이뿐만 아니다. 사회 전반에 걸쳐 계층 갈등, 세대 갈등, 젠더 갈등과 같은 사회적 갈등이 심화·확산되는 추세다.

이 모든 것이 관용과 사회적 신뢰, 공동체성을 상실했기 때문이다. 이는 또한 적자생존과 승자독식 문화가 만들어낸 폐해다. 그 하부구조에 불평등이라는 괴물이 깊이 뿌리박혀 있다. 부패와 불공정의 뿌리도 깊다. 당연히 우리 국민들이 행복할 리 만무하다. 우울하고 불행하다.

● 동성애자 포용에 대한 응답 비율 낮아

2017년 사회통합실태조사에 따르면, 응답자의 57.2%가 동성애자를 "받아들일 수 없다"라고 답했다. 동성애자보다 부정 답변 비율이 높은 집단은 전과자(69.4%)밖에 없었다.

이보다 더 충격적인 조사 결과도 있다. 60개국을 대상으로 한 제6차 '세계가치조사, 2010~2014' 결과에는 "동성애자를 이웃으로 받아들이고 싶지 않다"라고 응답한 비율이 77.6%나 되었다.

이는 이웃 나라인 중국 52.7%, 타이완 40.8%, 홍콩 33.5%보다도 높은 수준이고, 폴란드 38.4%, 멕시코 23.3%, 미국 20.7%, 독일 19.2%, 네덜란드 6.9% 등 다른 OECD 가입국과 비교하면 차이가 엄청나게 크다. 행복한 나라로 손꼽히는 스웨덴은 3.7%에 불과했다.

성소수자에게 적대적인 한국의 사회 환경은 정죄와 모욕, 위협과 욕설, 차별과 폭력이 이들을 따라다니며 괴롭히고 상처를 준다. 한국 내 성소수자들의 우울증 발생률을 다른 이들보다 5~7배 높게 하며, 이들의 자살율도 높이고 있다.

2014년 4월 언론 보도에 따르면, OECD의 "당신이 살고 있는 지역이 동성애자들이 살기에 좋은가?"라는 질문에 한국의 응답자 중 19.5%만이 긍정적인 반응을 보였다(2012년 기준). 이는 OECD 회원국 가운데 유일하게 이슬람 문화권에 속하는 터키의 16.1%를 빼면 가장 낮은 수치다. 한국이 OECD 회원국 가운데 성소수자를 배척하는 분위기가 가장 강한 것으로 나타난 것이다. 이 조사에서 긍정적 비율이 가장 높은 국가는 아이슬란드 94.8%와 스웨덴 90%이었다. 둘 다 관용도가 높은 북유럽 국가들이다(《한국일보》, 2014.6.23).

한국 사회의 관용도가 얼마나 낮은지 잘 알려주는 조사 결과다. 성숙한 사회, 선진 사회에서는 자신과 다른 입장의 사람들을 관용한다. 정치적·종교적·성적 다름을 존중하고 포용한다. 또한 모든 고등종교는 타인에 대한 존중과 배려, 사랑과 자비를 가르친다.

북유럽 국가 사람들은 대부분 루터교도지만, 정작 매주 교회에 나가는 교인은 5%도 채 안 된다. 그렇지만 관용, 사회적 신뢰와 협동정신은 세계 최고 수준이다. 기독교적 가치를 삶으로 실천하고 있는 것이다.

성공적인 사회는 사람들이 서로(가족구성원, 동료, 친구, 모르는 사람 포함)에 대해 높이 신뢰하는 사회다. 사회적 신뢰는 삶의 만족도를 고무한다. 높은 사회적 신뢰는 모든 나이, 성별, 인종과 사회 그룹을 포함하여 사람들 간의 강한 상호 존경을 바탕으로 형성된다(헬리웰 외, 2017: 81).

사회적 신뢰의 회복, 그 첫걸음은 관용이다. 아니 관용을 넘어 포용이다.

4 네 번째 공통점: 무상의료

지금부터는 행복한 나라를 만드는 구체적인 정책을 살펴볼 차례다. 그 첫 번째가 무상의료와 예방정책이다.

세계에서 가장 행복한 나라로 알려진 덴마크나 핀란드 등 북유럽 국가와 중미 코스타리카, 남아시아의 부탄은 모두 건강을 위한 보건의료와 교육에 일차적인 관심을 쏟고 있다.

이 나라들은 무상의료와 무상교육을 실시하고 있다. 자본주의 국가에서 건강과 교육은 노동생산성을 높이기 위한 수단으로 해석되지만, 이 나라들은 보건의료와 교육 그 자체를 국민행복의 기본적 조건으로 의미를 부여하고 있다.

그중에서도 건강은 코로나19 팬데믹 사태에서 단적으로 드러나듯, 인간 생존의 필수 조건이자 일차적인 행복 조건이다. 보건의료는 기본권 중의 기본권이라는 말이다. 육체적이든 정신적이든 간에 질환은 행복을 크게 감소시키는 직접적 요인이 된다. 이는 당사자뿐 아니라 가족들에게까지 영향을 미치기 때문이다.

1) 부탄: 무상의료 서비스

부탄의 의료 서비스는 무상이다. 부탄의 보건의료 정책은 박진도가 쓴 『부탄 행복의 비밀』(2017)에 잘 소개되어 있다.

부탄 '헌법' 제9조는 "국가는 근대 의학과 전통 의학 모두에서 기본적인 공공 의료 서비스를 무상으로 제공해야 하고, 개인이 통제할 수 없는 이유로 적절한 생활을 영위하기 어려운 질병이나 장애 혹은 부족이 발생한 경우에 안전장치security를 제공해야 한다"라고 규정하고 있다(박진도, 2017: 163).

놀랍게도 부탄은 '헌법'에 국가의 책무로 국민들에게 무상의료 서비스를 제공해야 한다고 명시하고 있다. 최빈국이 당당하게도 말이다! 또한 부탄은 국내에서 치료할 수 없는 병은 인도 등 해외로 나가 치료받게 하는데, 그 비용도 국가가 부담한다. 놀랍지 않은가? 이와 같은 무상의료 시스템을 1인당 국민소득이 1000달러도 안 되던 시기에 도입한 것이 부탄이다! 제발 예산이 없어 복지 못 하겠다는 말은 이제 그만두자.

그림 2-4

부탄의 한 가정집에 걸린 사진
2017년 7월 2일 필자 촬영.

그렇다면 부탄은 왜 이러한 정책을 펴는 것일까?

부탄 정부는 의료를 경제성장과 빈곤 감축, 정신 함양과 국민총행복 증진을 위한 전제 조건으로 인식한다. 무엇보다 무상의료가 가난하고 소외된 사람들에게 민주주의와 투명성, 공평한 기회를 보장하는 가장 중요한 정책 중 하나라고 생각한다. 부탄 정부는 무상의료 서비스를 구축하기 위해 정부지출의 7.4~11.4%를 사용해 왔다(박진도, 2017: 171~172).

놀랍지 않은가? 이는 부탄 정부가 보건의료를 경제성장과 국민총행복 증진을 위한 전제 조건으로 인식하기 때문에 가능한 일이다. 부탄 정부가 무상의료는 가난한 이들에게 공평한 기회를 보장하는 가장 중요한 정책 중 하나로 생각한다는 사실도 놀랍다. 이러한 관점은 복지 선진국이라는 북유럽 국가들과 유사하다.

부탄의 무상의료 서비스는 코로나19 팬데믹 국면에서 효과를 발휘했다. 부탄은 코로나19 최초 발생지 중국과 1000만 명 이상 확진자가 나온 인도 사이에 위치한 작은 나라다. 그런데 부탄의 코로나19 감염자 수는 2021년 1월 현재 1000명을 밑돌고 있고, 단 한 명의 사망자도 나오지 않았다. 부탄을 코로나19에서 비교적 안전하게 만든 원동력은 무엇일까. 부탄의 언론인 남가이 잠Namgay Zam 기자는, 그 이유로 '공공의 신뢰'와 함께 부탄의 '무상의료' 시스템을 든다.

부탄 보건부는 24시간 독감 클리닉을 설치해 독감과 비슷한 증상이 있는 사람은 병원이 아니라 클리닉을 방문하도록 하고, 모든 검사와 치료 서비스를 무상으로 제공했다. 정신보건 태스크포스 팀도 꾸려 24시간 운영했으며, 사태 수습을 위해 일선에서 일하는 이들과 국민들에게 심리적 응급처치 훈련도 실시했다. 노약자와 만성질환자, 임산부, 노인 등 취약계층을 위한 별도 시설을 만들고, 60세 이상 노인들에게는 종합비타민제를 비롯한 무료 예방 패키지를 제공했다. 무상의료 시스템을 기반으로 한 체계적인 보건 조치가 부탄을 코로나19에서 비교적 안전한 나라로 만든 비결이다(Zam, 2020).

2) 코스타리카: 창구부담금 무료 정책

코스타리카도 무상의료를 실시한다. 여기서 무상이라는 말은 병원 창구에서 부담할 금액이 무료라는 뜻이다. 코스타리카는 '창구부담금 무료 정책'을 펴고 있다.

코스타리카도 우리나라처럼 국민보험제도를 도입하고 있다. 이 재원을 기초로 국립병원을 운영하므로, 보험료를 내는 이들은 당연히 병원 이용이 무료다. 그런데 보험료를 내지 않는 이들도 병원을 무료로 이용할 수 있다. 건강보험에 가입하지 않아도 국가가 운영하는 병원을 이용하면 비용을 청구하지 않는다. 심지어 불법 체류 외국인까지도 그렇다. 코스타리카가 창구부담금 무료 정책을 계속하는 이유는 "건강 문제는 인권 문제이며 인권은 보편적 개념이기 때문"(리키야, 2011: 136)이다.

로돌포 퀴로스Rodolfo Quiros 주한 코스타리카 대사는 ≪한국일보≫ 2016년 6월 16일 자 인터뷰 기사에서 "무상의료 서비스는 어떻게 도입됐나?"라는 질문에 다음과 같이 답했다.

의료보험 개혁은 1948년으로 거슬러 올라간다. 코스타리카 내 모든 공공병원 운영을 담당하는 기관Caja Costarricense de Seguro Social: CCSS을 통해 모든 의료 서비스를 무료로 운영하고 있다. 물론 비용이 많이 들지만, 주거, 교육과 함께 우리의 사회적 안정성을 이루는 중요한 기둥이다(≪한국일보≫, 2016.6.16).

국내에서 제주 4·3의 참극이 발발한 1948년, 코스타리카는 군대를 폐지했다. 군대를 버리고 그 비용을 의료와 교육, 주거에 투자한 것이다. 사정은 다르지만, 놀랍고 부러운 일이다.

3) 북유럽 국가 1: 자기부담액 상한선을 둔 무상의료제도

핀란드 출신의 저널리스트이자 작가 아누 파르타넨은 북유럽 국가의 의료 서비스 시스템을 미국의 의료 서비스와 비교하며 상세히 설명했는데, 여기에는 미국 의료제도에 대한 조롱이 섞여 있다(파르타넨, 2017).

오늘날 모든 북유럽 사회는 현대 국가에서 의료란 기본적인 인권이며, 따라서 의료를 기본적인 사회복지 서비스로 제공하는 것이 지극히 타당하다는 결론을 내렸다(파르타넨, 2017: 225).

이러한 결론은 그녀의 인터뷰에서 언급된 북유럽 국가 사람들의 견해로 뒷받침된다.

대다수는 21세기 핀란드의 성공은 무슨 일이 있어도 기회의 진정한 평등이 사회의 모든 구성원에게 확장되어야 가능하다고 믿는다. 그 일환으로 강력한 전국가적 공공의료 체계가 필요하다고 믿는다(파르타넨, 2017: 235).

그들은 비용 절감도 필요하지만, 동시에 가장 곤궁한 이들에게 의료 서비스를 제공해야 할 필요성도 충분히 이해하고 있었다. 누구나 공평한 의료 체계를 유지하기 위해 세금을 낸다고 여기기 때문에, 그에 따른 부담도 책임져야 한다고 수긍하는 듯했다(파르타넨, 2017: 257).

의료는 기본적 인권이자 기회의 평등이라는 관점에서 접근한다는 것이다. 이것이 핵심이다. 앞서 살펴보았듯이 부탄도 비슷한 얘기를 하고 있음을 기억하자.

북유럽 국가의 무상의료제도는 자기부담액의 상한선을 둔 무상의료제도다. 핀란드의 대다수 의료 서비스는 2016년 기준 연간 최대 총본인부담금은 1인당 750달러다. 처방약 본인 부담금 한도도 연간 최대 660달러다. 가난한 사람은 사회복지제도가 도와준다. 위중한 질환에 대한 비싼 치료나 심장수술 등은 거의 다 공공영역에서 맡는다. 중증질환의 경우 국가가 나서서 환자를 돌보며 환자가 내는 치료비는 근소하다(파르타넨, 2017: 210).

노르웨이는 1인당 의료비 상한액을 30만 원 정도로 책정하고 있고, 입원이 필요할 정도의 중증 환자일 경우, 입원비와 치료비가 전액 무료다. 임신부나 16세 이하 아이들은 자기부담금 전혀 없이 100% 무상이다. 스웨덴은 20세 이하까지 무료이며, 1년 동안 지불하는 1인당 의료비 상한액은 15만 원 정도에 불과하다.

여기서 눈이 번쩍 뜨인다. 중증 질환일 경우 오히려 무료이며 국가가 책임지고 치료해 준다는 것이다. 예기치 못한 큰 사고를 당하거나 중증 질환에 걸려 그 치료비 때문에 집을 팔고 간병을 이유로 직장까지 그만두어야 하는 경우가 다반사인 우리나라의 현실과 비교해 보면 부럽기만 하다.

4) 북유럽 국가 2: 예방정책(주치의제도)의 중요성

행복한 나라들의 의료 서비스 전달 체제를 보면 모두 3단계 시스템인데, 그 가운데 가장 중시하는 것은 1단계 기초의료(1차 의료) 서비스다. 이 중에서도 주목할 것은 북유럽의 주치의제도다.

북유럽 국가에서 모든 시민은 실제로 아픈지와 상관없이 자신이 진료받을 의사를 지정한다. 모든 의사에게는 배정된 환자 명단이 있고, 그 수에 따라 정부에서 급여를 받는다. 이에 더해 실제로 환자가 진료를 받으면 정부가 급여를 지급한다(파르타넨, 2017: 231).

스웨덴에서 1차 진료 기관의 90%는 국가가 운영하는 의료기관이다. 왜 이들은 주치의제도를 중시하는 것일까? 보건의료정책은 예방 prevention이 중요하기 때문이다. 질환이 발생한 다음 치료하거나 보살피는 데 드는 공공지출을 예방 쪽으로 방향을 돌리면, 국민이 더욱더 건강하고 행복하게 살 수 있을 뿐만 아니라 공공지출 측면에서도 더 효율적이다. 「세계행복보고서」는 얘기한다. "명백히 웰빙은 정책에 접근함에 있어 우리를 결손deficits보다는 자산기반asset-based의 접근방법을 택하도록 안내할 것"이라고 말이다(헬리웰 외, 2017: 97).

코로나19 팬데믹 상황을 맞아 우리나라에서도 주치의제도나 1차 의료의 중요성에 대한 논의가 활발하다. 장애인주치의제도가 시범 실시되기도 했다. 그러나 아직까지도 그 의미나 중요성을 사회가 제대로 받아들이지 못하는 실정이다. 국민건강을 위해서라도, 길게 보아 보건의료 예산을 절약하기 위해서라도 주치의제도는 반드시 그리고 시급히 도입되어야 할 제도다.

예방의학과 밀접히 관련된 주제로, 국내에서는 여전히 소홀히 취급
되는 정신건강 문제에 대해 살펴보자.

5) 한국: n번방과 청소년 마음건강

n번방 사건을 접하며 큰 충격을 받았다. 먼저 디지털 성범죄의 주요
한 피해자가 아동·청소년이었다는 사실에 경악했고, 그 범죄 가해자
다수가 청소년이라는 후속 보도를 접하며 더 큰 충격을 받았다. 어쩌다
우리 청소년들이 이런 지경에까지 이르렀는가? 누가, 무엇이 우리 아
이들을 이렇게 만들었나 생각하니 머리가 하얘진다. 이는 지금 우리 청
소년들의 정신건강 문제가 심각하다는 것을 보여주는 단적인 사례라
고 생각한다.

실제로 최근 우울과 불안 등 정신건강 문제로 진료받은 10대 청소년
들이 급증하고 있다. 2019년 국민건강보험공단의 2016~2018년 10대
청소년 정신건강 질환 진료 현황에 따르면, 우울증으로 진료받은 10대
는 3만 7000여 명으로, 2016년 2만 2000여 명에서 65%p인 1만 5000여
명이나 증가했다. 불안장애 진료 인원도 2016년 1만 4000여 명에서
2018년 1만 8000여 명으로 4000여 명 증가했으며, 공황장애는 2만여
명에서 3만여 명으로 증가했다(연합뉴스, 2019.10.15).

청소년 자살률도 점점 더 심각해져 가는 추세다. 2019년 여성가족
부와 통계청 조사 결과, 우리나라 9~24살 청소년 자살률이 2017년 기
준 인구 10만 명당 7.7명으로, 청소년 사망 원인 중 1위로 나타났다.
2018~2020년에 자살·자해를 시도한 청소년도 매년 2000명 이상인 것

으로 조사되었다. 2019년 12월 통계개발원의 「KOSTAT 통계플러스」
에 실린 '아동·청소년 삶의 질 지표 분석 결과'에 따르면 아동·청소년
의 33.8%가 "죽고 싶다는 생각을 가끔 하거나 자주 한다"라고 응답하
기도 했다.

이러한 자살률, 정신건강 문제는 낮은 아동·청소년의 삶의 만족도
와 연동된다. 한국 아동청소년의 삶의 만족도는 평균 점수 6.6점(2018년
기준)으로, OECD 및 유럽 주요국과 비교해 최하위권이다. 단적으로
말해, 한국의 아동·청소년은 행복하지 않다!

6) 정신건강과 불행

「세계행복보고서 2013」에는 "정신건강과 불행"이라는 장이 있다.
런던정치경제대학교London School of Economics: 이하 런던정경대 교수 리처드 레
이어드Richard Layard와 세계보건기구 정신건강기구 약물남용분과 연구
위원 2인, 인도 정신보건센터 교수 1인 등 4인이 공동 집필한 장이다.
여기서 저자들은 다음과 같이 강조한다.

❶ 정신질환은 불행을 결정하는 매우 큰 요인이다. 정신질환자들은 이중으로 불
   행하다. 질환 자체는 물론이고 자주 차별받고 희망이 없는 것으로 간주된다.
❷ 세계 인구의 약 10%가 정신질환으로 고통받고 있다.
❸ 우울증과 불안장애는 모든 장애의 5분의 1 이상이다. 이는 신체질환을 증가
   시키며 경제적으로도 막대한 손실을 초래한다.
❹ 선진국에서도 정신질환으로 치료받는 이들은 3분의 1밖에 안 된다. 빈곤한

국가에서는 상황이 더 열악하다. 이는 심각한 차별이다.

❺ 정신질환 치료는 불행을 감소시키는 데 유용한 행위로, 비용 대비 효과가 가장 크다.

❻ 정신질환을 예방하고 정신건강을 향상시키기 위해서는 학교 및 일터에서 정신건강에 관심을 갖고 적극적으로 대처해 나가야 한다.

　– 모든 학교 교사들은 정신건강 문제를 인지하고 학생들의 정신건강 문제를 확인해 낼 수 있는 능력을 갖추어야 한다. 노동자들을 고용하고 있는 고용자들도 마찬가지다.

　– 정신질환을 가진 성인의 절반이 15세에 정신건강 문제를 경험한다는 것을 명심하라(레이어드 외, 2017: 168~190).

매우 중요한 문제를 제기하고 있지 않은가? 특히 우울증 환자가 급증하는 한국으로서는 더 그렇다! 보건의료정책 담당자는 물론이고 교육 당국과 고용자들은 이 의견에 주의를 기울여주면 좋겠다. 그중에서도, 인생에서 가장 급격하게 신체적·정신적으로 대혼돈을 겪는 중학교 2학년 정도의 15세 청소년에 대한 정신적 돌봄의 중요성을 강조하는 「세계행복보고서」의 제언에 교육 당국은 특히 관심을 기울여야 한다.

보고서 내용을 더 살펴보자. 정신건강은 불행에 영향을 미치는 가장 강력한 요인이다. 그런데도 이 분야는 정치인들이나 정부 정책의 우선순위에서 대부분 밀려나 있다. 정신질환자들에게는 더 나은 건강관리와 사회적 지원이 필요하다. 앞서 얘기한 대로 정신질환을 앓는 성인 절반의 질환 시작 연령이 15세라는 것을 감안하면 정부는 좀 더 일찍 개입해야 한다. 제대로 치료되지 않은 정신질환은 사회에 큰 비용을 요구하기 때문이다. 즉 정신건강 관리의 주요 목표는 환자와 그 가족의 삶의 질을 향상하는 것이지만, 그것만이 아니라는 말이다. 사회와 정부가 떠안아야 할 비용을 고려할 때 이는 매우 중요하다. 신체질환 치료와 비교해 보면 정신질환 치료약과 심리치료 모두 상대적으로 비용이 덜 든다고 한다. 장애급여와 세금 손실이라는 공적 측면에서의 절약을 위해서도 필요하다는 것이다. 이 때문에 영국 정부는 심리치료 증진 Improving Access to Psychological Therapies: IAPT이라는 야심 찬 프로그램을 2008년부터 시작해 매년 50만 명을 치료하고 있다. 국가건강 프로그램에 우울증 치료를 포함시키고 있는 것이다. 한국도 건강검진 프로그램에 '제대로 된' 정신건강 검진을 포함해야 하지 않을까?

정신질환으로 고통받는 이들은 이중으로 불행하다. 질환 자체의 고통과 함께 사회적으로 낙인찍히고 차별을 받기 때문이다. 이제 다른 질병과 똑같이 정신질환에 대해서도 개방적인 인식을 가져야 한다. 이를 위한 정책서비스가 필요하다. 2019년 10월 「세계행복보고서」의 주요 필자이자 편집인인 제프리 삭스Jeffrey Sachs도 "정신건강 돌봄 서비스에 대중이 쉽게 접근할 수 있도록 하는 것이 각국 정부가 해야 할 중요한 정책적 과제"라고 얘기했다(Sachs, 2019). 이러한 권고에 한국 정부가 귀 기울여주면 좋겠다.

5 다섯 번째 공통점: 무상교육

평등과 협동, 자율로 키우는 교육

1) 코스타리카: GDP의 8% 이상을 교육예산으로

1948년 군대를 없애고 국방비를 의료와 교육에 투입한 코스타리카는 무상의료뿐 아니라 교육도 무상교육이다. 유치원(1년, 무상 의무교육), 초등학교(6년, 무상 의무교육), 중고등학교(인문학교 5년, 기술학교 6년이 무상교육이며, 첫 3년은 의무교육)이다. 국립대학 두 곳은 학비가 무료다. 사립대학 학비도 1년에 100만 원 정도에 불과하다.

1997년 GDP의 6% 이상을 교육예산에 배정하도록 하는 법을 제정했으며, 2014년에는 법 개정을 통해 GDP의 8%를 배정했다. 참고로 2014년 한국의 GDP 대비 공교육비 비율 중 순수 정부 부담률은 4.6%였다[OECD, Education at a Glance(각 연도)]. 교육예산 비율을 법으로 강제했다는 사실이 놀랍다. 그 결과 국민의 문자해독률 97.6%(2014년 UNESCO 발표), 교육의 질은 중남미 2위, 세계 53위(2015년 OECD 세계 교육 순위)에 올랐다.[2]

이 모든 것이 군대를 없애고 교육에 투자한 결과다. 무상교육도 무상교육이지만, 다음과 같은 기사도 놀랍다.

---

2   이상의 내용은 주한 코스타리카 대사관의 홍보자료와 ≪경향신문≫이 2016년 2월 창간 70주년 기념으로 기획·취재한 '지구촌 행복기획' 시리즈 코스타리카 편을 참조했다(≪경향신문≫, 2016.2.28).

코스타리카의 부모들은 아이가 15살이 되면 진로를 결정하게 한다. 법적인 성인은 18세부터지만 15살이 넘으면 책임을 질 수 있는 나이로 인정해 주고 공부를 계속할 것인지, 직업을 가질 것인지를 묻는다. 일을 시작하면 부모에게 적은 금액이라도 월세를 낸다. 사회인으로 인정받고 책임을 지는 것이다(≪경향신문≫, 2016.2.28).

놀랍게도 삶을 선택할 자율성이 15세부터 부여되고 있다. 북유럽의 경우 보통 18세부터 자기 삶을 결정하고 부모 곁을 떠나는데, 코스타리카는 그보다 더 빠르다. 우리나라는 어떠한가? 과연 삶을 선택할 자율성이 있는가? 그런 조건을 국가가 만들어주고 있는가?

2) 부탄: 무상교육을 헌법에 규정

부탄은 무상의료를 헌법에 규정한 것처럼, 부탄은 무상교육도 '헌법' 제9조에 규정하고 있다.

국가는 모든 어린이에게 10학년까지 무상교육을 실시해야 하고, 기술적·전문적 교육을 일반적으로 보장하며, 실력에 따라 고등교육에 평등하게 접근할 수 있도록 보장해야 한다(박진도, 2017: 151).

이에 따라 부탄에서는 유치원부터 대학까지 모든 공교육이 무료다. 10학년까지는 무상 의무교육을 실시하고, 10학년 이후에는 시험을 치러 우수한 학생을 선발해 무상으로 자국 대학이나 해외 유학까지 보내

준다. 공부는 잘하는데 돈이 없어서 대학을 못 가는 사람은 없다. 남녀 간 교육성평등지수도 높다.

부탄은 공무원 중 34%가 교사이며, 초중고 공히 교사 1인당 평균 학생 수는 20명이고, 학급당 평균 학생 수는 30명이다. 부탄의 5대 왕은 "교육은 국가의 모든 정책에서 최우선순위다"라고 말했다. 한국은 어떤가? 몇 년 전 떠들썩했던 유치원 비리 사건에서 드러나듯 어린이집, 유치원(보육)조차 정부가 책임지지 못하는 나라다. GDP가 3만 달러를 넘고, 세계 10위권 경제 대국이라는 한국이 말이다.

3) 북유럽 국가: 평등교육

북유럽 국가, 그중에서도 잘 알려진 것처럼 핀란드의 교육제도는 가히 세계 최고라고 일컫는다. 핀란드 교육문화부는 자체 웹사이트에서 핀란드의 교육을 다음과 같이 자랑스럽게 소개하고 있다.

교육은 핀란드 복지사회 초석 중 하나입니다. 우리는 "모두를 위한 평등한 교육 기회를 제공"하는 교육 시스템에 자부심을 가지고 있습니다. 중고등학교에서 고등교육(대학)까지 교육은 무료입니다. 핀란드의 교사들은 높은 수준의 교육을 받았으며 최선을 다해 자신의 업무에 전념합니다(https://minedu.fi/en/ministry).

평등과 협동을 지향하는 핀란드에는 영재교육이 없어 학교 간 학업 성취도 격차도 제일 적다. 핀란드의 교사는 가장 똑똑한 학생들이 지원하며 석사과정이 의무이다. 16세 전에는 시험이 거의 없으며, 등수도 공개하지 않는다. 1등이나 탁월함을 추구하지 않으며 뒤처진 아이들을 교사가 일대일로 개인지도 해준다. 이는 북유럽 국가 대부분이 비슷하다. 사립학교도 없고, 모든 학교교육은 정부가 시행하고 지원한다.

핀란드가 이런 제도를 시행하는 것은, '헌법'에 "양질의 무상교육을 누릴 권리"가 명시돼 있기 때문이다. 즉 핀란드는 누구나 좋은 교육을 받는 것이 자라나는 현시대 아이들의 기본권을 보장하는 데 필수라고 판단했다는 것이다(파르타넨, 2017: 140).

나는 아누 파르타넨의 책에서 다음과 같은 구절을 읽으며 가슴을 쳤다.

> 핀란드가 마련한 교육 목표는 '탁월함'이 아니었다. 그것은 다름 아닌 '평등'이었다(파르타넨, 2017: 141).

한국의 교육 현실이 자연스레 떠올랐기 때문이다. 한국의 교육은 '일등이 되라!'는 것이다. '경쟁에서 살아남는 자가 승리하는 것'이고, 같은 반 친구들은 함께해야 할 동료가 아니라 이기고 넘어뜨려야 할 경쟁 대상이다. 즉 적자생존 이데올로기가 시험과 성적순을 통해 자연스레 체화되도록 강제하는 나라가 아닌가? 핀란드가 "모두를 위한 평등한 교육 기회"를 홈페이지에 당당히 밝히는 것을 보며, 말 그대로 자괴감을 느끼지 않을 수 없었다.

우리와는 달리 핀란드는 교육 목표를 평등으로 설정해 경쟁보다 협동에 초점을 맞춘다. 이런 교육이야말로 오히려 탁월함을 키워내고 나라의 장래를 위해서도 효과적이라 생각한다. 평등을 지향하면 수학 능력이 떨어지지는 않을까 하는 염려가 무색하게, 핀란드는 2000년 이래

PISA(국제학업성취도평가: OECD가 3년마다 세계 15세 학생을 대상으로 시행)에서 최상위권에 들었다.

덴마크는 어떤가? 덴마크도 대학까지 무상교육이다. 심지어 아무 상환 조건 없이 모든 학생에게 장학금을 100만 원 정도 준다. 18세가 되면 월 30~50만 원의 청년 자립 수당도 2년 동안 지급해, 청년 스스로 자립할 수 있는 시간적·경제적·정서적 여유를 준다. 부럽다. 헬조선에 사는 N포세대 청년들에게는 꿈같은 얘기 아닌가?

덴마크 학교에서는 학생들이 의미 있는 삶을 살 수 있도록, 진로 선택에 신경을 쓴다. 직업교육과 상급학교 선택에 학생의 능력과 의사가 충분히 반영되도록 하는 것이다. 그 결과 덴마크 청년 중 60%는 자신이 살고 싶은 삶을 선택할 수 있다고 생각한다. 이 질문에 대해 프랑스가 26%, 독일은 23%의 청년들만이 "그렇다"라고 답변했다고 한다(뤼달, 2015: 49). 같은 조사를 N포세대, 이생망, 무민세대를 부르짖는 한국의 청년들에게 하면 결과는 어떨까? 과연 10%나 될 것인가?

「세계행복보고서 2018」에서 한국의 가장 취약한 분야가 '자율성', 즉 삶의 선택의 자유(156개국 중 139위)였다는 사실이 새삼 씁쓸하게 겹쳐진다.

덴마크에는 이제는 비교적 많이 알려진 독특한 2가지 교육제도가 있다. 에프터스콜레Efterskole와 폴케호이스콜레Folkehøjskole다. 에프터스콜레는 모든 학생을 대상으로 고등학교 입학 전 1년 동안 진로를 스스로 결정할 수 있게 교육하는 이른바 인생 설계 학교다. 학교 교과목에서 능력이나 흥미를 찾지 못하는 학생들이 사회에서 제자리를 찾을 수 있도록 도와주는 학교다.

폴케호이스콜레는 보통 호이스콜레라 부르는데, 평생교육의 아버지라 불리는 니콜라이 그룬트비Nikolai Grundt´vig가 1844년 처음 만든 학교다. 경쟁도 학위도 없는 자유로운 학교라 해서 '자유학교'라 하기도 하고, 특권층만 받을 수 있었던 교육을 농민 등 모든 국민도 받을 수 있게 해야 한다는 취지로 만들었다 하여 '민중학교'라고 부르기도 한다. 오늘날로 치면 성인 대안학교인 셈이다.

덴마크 교육의 목적은 "건강한 덴마크 국민이 되는 것"이며, 건강한 덴마크 국민이란 "다른 사람을 평등하게 대하고 자기 자신을 사랑하는 개인"이 되는 것을 뜻한다(≪경향신문≫, 2016.4.4).

다른 사람을 평등하게 대하고 자기 자신을 사랑하는 개인이 되도록 하는 교육! 멋지고 부럽지 않은가? 어쨌든 이런 교육제도를 실시한 결과, 북유럽 국가는 기회의 나라로 알려져 있는 미국보다 계층 이동성이 훨씬 크다. 기회의 땅은 미국이 아니라 북유럽이라는 것이다.

계층 이동성에 절대적으로 중요한 것은 학교다. 수준 높은 무상교육제도 덕분에 누릴 수 있는 자주권은 북유럽 지역의 경제 평등과 폭넓은 사회복지 안전망만큼이나 중요하다(부스, 2018: 540).

"개천에서 용 난다"라는 말이 아득히 먼 옛 이야기가 되어버린 한국, SKY 출신이 아니면 취업 명함을 내밀기도 힘들며, 강남 8학군이라는 타이틀이 아파트값도 좌우하는 한국의 현실에서는, 먼 나라 이야기가 아닐 수 없다. 우리 국민이, 특히 청(소)년들이 행복해지려면 교육제도부터 평등교육으로 근본적인 수술이 필요하다는 것을 가르쳐준다.

<u>6</u> 여섯 번째 공통점: 깨끗한 환경, 아름다운 자연

행복한 나라의 여섯 번째 공통점은 깨끗한 자연환경이다. 어쩌면 당연한 일이겠다. 행복은 '사람들과의 관계'뿐 아니라 '자연과의 관계'도 좋아야 하기 때문이다. 또한 자연과 환경은 앞서 살펴본 기본권 중 기본권인 건강과 밀접한 관계가 있기 때문에 그렇다. 깨끗한 환경, 아름다운 자연과 함께하는 삶이 어찌 행복하지 않을 수 있겠는가? 자연 속으로 들어가는 것이 불행을 치유하는 하나의 방법이기도 하다. 잘 보존된 자연환경과 국민행복 사이에 중요한 함수관계가 존재하는 것은 분명하다. 실제 세 지역을 보면 더 그렇다.

1) 잘 보존된 자연환경

코스타리카와 부탄 두 나라 공히 생물다양성 분야에서 세계 최고 수준을 자랑한다. 국립공원을 포함한 보호지역이 코스타리카는 전 국토의 25%를 차지한다. 부탄은 그 두 배인 50%다. 북유럽은 유럽 중에서도 빼어난 자연환경을 자랑하는 곳이다. 특히 2018년부터 2020년까지 3년 연속으로 UN「세계행복보고서」에서 가장 행복한 나라에 오른 핀란드는 삼림이 전 국토의 70%, 호수가 10%인 숲과 호수의 나라다.

이렇게 잘 보존된 자연환경은 자연관광과 생태관광 등을 통해 주민소득으로 이어져 국민들의 행복을 배가한다. 관광 홍보의 주요 문구가 "자연이 만들어낸 아름다운 나라"인 북유럽 국가, 불교문화와 어우러진 잘 보존된 자연을 주요한 관광 상품으로 판매하고 있는 부탄, 세계 생태관광의 메카로 알려져 있는 코스타리카가 그러하다.

● 신경제재단의 지구촌행복지수 1위: 부탄과 코스타리카

부탄과 코스타리카는 영국 신경제재단NEF의 지구촌행복지수Happy
Planet Index: HPI에서 각각 1위를 차지한 바 있다. 지구촌행복지수는 '웰
빙(삶의 만족도), 기대 수명, 불평등 결과, 생태발자국' 등 4개 지표로 조
사되는데, 이 중 순위에 큰 영향을 미치는 것이 '생태발자국'이다.

부탄은 2010년 한 번, 코스타리카는 2009년과 2012년, 2017년 무려
세 번이나 지구촌행복지수 순위 1위를 차지했다. GDP는 낮지만 특히
생태발자국 분야에서 상대적으로 강세를 보였기 때문이다. 그만큼 환경
이 좋다는 뜻이다.

● 글로벌녹색경제지수 최상위권: 북유럽, 코스타리카

글로벌녹색경제지수Global Green Economy Index: GGEI는 미국의 민간 컨설
팅업체 듀얼시티즌Dual Citizen LLC이 2010년부터 조사·발표하기 시작한
녹색경제지수다. 양적 및 질적 지표를 사용해 각국의 리더십과 기후변
화leadership & climate change, 효율성 부문efficiency sectors, 시장과 투자markets &
investment, 환경environment이라는 4가지 핵심 분야에서 얼마나 잘 수행
하는지 측정한다. 이 지수는 최근 세계적 동향인 탄소 배출 감축과 지
속 가능한 개발 목표 실현을 목표로 하는 국가들이 저탄소경제로 나아
갈 최선의 경로를 찾기 위한 데이터나 방법이 필요할 때 유용하게 사용
된다.

2014년에는 60개국을 대상으로 조사했는데, 스웨덴이 1위, 노르웨

이 2위, 코스타리카가 3위에 올랐다. 덴마크는 5위, 핀란드 8위, 아이슬란드가 9위이고, 한국은 39위였다. 북유럽 5개 국가 모두 10위권 안에 들어 글로벌녹색경제지수 최상위 국가로 자리 잡았다.

2년 후인 2016년에는 20개국이 더 추가돼 모두 80개국을 대상으로 조사했는데, 스웨덴과 노르웨이가 또 1, 2위를 차지했으며, 핀란드가 코스타리카를 밀어내고 8위에서 3위로 올라갔다. 북유럽 국가가 1, 2, 3위를 휩쓴 것이다. 코스타리카는 11위로 몇 계단 내려갔지만, 여전히 상위 국가군에 올라 있다. 한국은 46위로 일곱 계단 더 내려갔다.

2018년에는 1위 스웨덴, 그 뒤를 스위스, 아이슬란드, 노르웨이, 핀란드가 이었다. 2위에 오른 스위스를 제외하고 북유럽 국가가 5위권을 차지했고, 덴마크도 7위에 올라 북유럽의 글로벌녹색경제지수 강세 추세는 여전했다. 코스타리카는 세 계단 더 내려가기는 했지만, 14위로 여전히 상위권을 유지하고 있다. 2018년은 2016년보다 50개국을 더 추가해 130개국을 대상으로 한 조사 결과다. 아쉽게도 부탄은 여전히 조사 대상국이 아니어서 그 추이를 비교할 수 없지만, 행복한 나라로 알려져 있는 북유럽 국가와 코스타리카가 녹색경제지수에서도 최상위권이라는 점은 우리에게 많은 시사점을 던진다.

● 환경성과지수 최상위권: 북유럽 국가, 코스타리카

환경성과지수Environmental Performance Index: EPI는 예일대학교 환경법과 정책센터와 컬럼비아대학교 지구연구소의 국제지구과학정보네트워크센터CIESIN가 세계경제포럼과 함께하는 공동 프로젝트다.

이 지수는 개발도상국에는 매우 불리하다 할 수 있는 2가지 정책 영역, 첫째, 경제성장과 개발로 인한 환경 피해로부터 인간 건강 보호, 둘째, 산업화와 도시화에 따른 생태계의 영향과 활력이라는 지속 가능한 발전의 2가지 핵심 요소를 조사·분석한다. 즉 '인간의 건강과 생태계 보호를 위해 각 국가는 얼마나 노력하고 있는가'가 주요한 조사 주제다. 2018 환경성과지수는 환경 건강과 생태계 활력이라는 2가지 정책 목표 아래 대기질, 물과 위생, 중금속 노출, 생물다양성과 서식지, 기후 및 에너지, 대기오염 등 10가지 이슈 범주와 24개 지표로 180개국을 평가했다.

여기서는 스위스가 1위, 프랑스가 2위를 차지했다. 덴마크가 3위, 스웨덴 5위, 핀란드 10위, 아이슬란드 11위, 노르웨이는 14위로 환경성과지수 순위에서도 북유럽 국가 모두 최상위권에 올라 있다는 것을 알 수 있다. 선진국에 진입했다는 한국은 60위인데, 개발도상국이라 할 수 있는 코스타리카가 30위에 올라 눈길을 끈다. 이 정도면 매우 높은 수준이다.

2) 부탄: 국토의 60% 이상을 숲으로 보존

부탄은 국토의 50% 이상을 국립공원 등 보호지역으로 지정해 보호하고 있다. 놀라운 것은 국토의 60% 이상을 숲으로 유지하도록 '헌법'이 규정한다는 사실이다. 실제는 70% 넘게 숲으로 보호되고 있다. 별로 크지도 않은 국토에서 유용한 자원이 나무일 텐데, 이렇게 엄격히 보호하는 것이 경이롭다.

더 놀라운 것은, 부탄이 트레킹은 허용하지만 산 정상에 오르는 등

산은 허용하지 않는다는 것이다. 물론 처음부터 그랬던 것은 아니었다. 1980년대 초반에는 외화벌이를 위해 외국인들에게 허용하기도 했다. 그러나 1994년 6000m 이상의 산을 등반하는 것을 금지했고, 2003년부터는 아예 모든 등산을 금지했다고 한다. 고산 정상을 신이 사는 신성한 곳으로 여기는 지역 주민들의 관행을 국왕이 존중했기 때문이다(박진도, 2017: 136).

놀랍지 않은가? 외화획득과 관광 수입을 위해서는, 산 정상에 케이블카를 설치하고 호텔도 지어야 한다고 강변하는 우리나라의 개발론자들은 부탄을 어떻게 생각할까? 1인당 명목 GDP가 3431달러(2020년 IMF 기준)밖에 안 되는 최빈국 부탄의 정책이기에 배부른 자의 한가한 소리라 할 수도 없을 터다. 문득 외화획득을 위해서는 기생관광도 마다하지 않았던 1970년대 한국이 떠올라 얼굴이 화끈거린다.

부탄은 환경친화적이며 사회문화적으로 수용 가능한 한에서만 관광을 허용한다는 원칙을 세웠다. 이러한 원칙 아래 관광세 65달러가 포함된 1일 관광 비용 200~250달러 선납부 정책을 시행해 관광객 수를 실질적으로 통제하고 있다. 지속 가능한 관광의 모범을 보여주고 있는 것이다.

한편 부탄은 수력발전으로만 에너지를 충당하며, 남는 에너지는 인도로 수출하기까지 한다. 화석연료를 전혀 사용하지 않는 탄소 제로 국가라는 말이다.

그림 2-5

부탄 푸나카(Punakha)종
2017년 6월 30일 필자 촬영.

3) 코스타리카: 2021 탄소 제로 국가 선언

국토의 4분의 1인 25%가 국립공원이라고 알려진 나라가 코스타리카다. 2017년 대통령 부인 메르세데스 페냐스 도밍고와 만났을 때 사실 확인차 질문해 얻은 답에 따르면 이는 잘못 알려진 사실이다. 정확히 말해 국립공원을 포함한 보호지역의 면적이 전 국토의 23%란다. 여기서 바른 기록의 중요성을 새삼 깨닫는다. 한 사람의 잘못된 얘기와 기록이 몇 차례 건너 회자되고 인용되며 사실로 굳어지는 경우가 많으니 말이다.

이보다 더 유명한 것이 코스타리카 생물종의 다양성이다. 지구상에 존재하는 생물종의 5%가 지표 0.1%에 불과한 이 나라에 살고 있으니 하는 말이다. 단위면적당 생물종 다양성이 세계 2위로, 세계 생태관광의 메카로도 널리 알려져 있다. 〈쥬라기공원〉 시나리오의 배경이 코스타리카였다는 사실은 우연이 아니다.

스페인에서 독립할 당시에는 국토의 70%가 숲으로 덮여 있었지만, 이후 무분별한 개발로 벌채가 이어져 30% 수준까지 줄어들었다가, 이후 지속적인 자연보호 정책을 펴 현재는 국토의 50% 이상을 숲으로 회복시키는 등 모범적인 환경보존 국가로 발전했다.

아름다운 자연을 이용한 생태관광과 친환경 청정 농산물 재배를 주요 녹색산업으로 육성하고 있으며, 전력 생산의 96.36%를 수력 69.35%, 지열 13.38%, 풍력 12.2% 등 재생에너지에서 얻고 있다. 2021년까지 100% 재생에너지 발전을 위해 노력 중이다. 코스타리카는 10여 년 전인 2007년 자연과평화Peace with Nature 정책을 발표하면서 독립 200주년인 2021년까지 탄소중립국을 만들겠다고 천명했다(주코스타리카 대한민국대사관 웹사이트).

2018년 5월 8일 코스타리카 대통령으로 취임한 카를로스 알바라도Carlos Alvarado는 취임식에서 "코스타리카는 화석연료 사용을 완전히 종식하는 최초의 나라 중 하나가 될 것"이라고 천명하기도 했다.

내가 2017년 코스타리카를 방문했을 때 인상 깊었던 것 중 하나가 협

그림 2-6

**코스타리카 생태관광지 미스티코(Mistico)
탐방로에 서 있는 안내판**
멧돼지 다리라고 쓰여 있다. 필자 촬영.

동조합 형태의 신재생에너지 기업이었다. 산토스협동조합COOPESANTOS
은 1989년 설립되어, 그 지역의 4만 5000가구에 전기와 방송통신(케이
블TV) 서비스까지 제공하고 있었다. 해발 1000m가 넘는 분지와 산악
지대에 대다수 주민이 거주하고 있어, 제대로 공급되지 않는 전기 때문
에 어려움을 겪었다고 한다. 이에 주민들이 직접 나서 에너지협동조합
을 만든 것이다. 이것이 산토스협동조합의 설립 배경이다.

놀라운 것은 막대한 비용이 수반되는 풍력발전도 이 협동조합이 운
영하고 있다는 사실이다. 우리나라에서는 최근에야 협동조합 형태의
신재생에너지 기업이 모색되고 있는데, 그것도 태양광 수준에 불과하
다. 풍력은 여전히 대기업이 독점하고 있다. 산토스에너지협동조합을
보며 신재생에너지도 주민이 마음만 먹으면 함께 만들고 조직할 수 있
다는 것을 알 수 있었다.

4) 스웨덴: 선진적 환경정책

스웨덴은 왜 글로벌녹색경제지수 순위에서 매번 1위를 할까? 스웨덴은 OECD 국가 중에서도 지속 가능한 발전과 환경정책을 주도하고 있다는 평가를 받는다. 그 이유는 뭘까? 스톡홀름 스칸디나비아정책연구소는 다음과 같이 얘기한다.

첫째, 환경보전과 지속 가능 발전을 국가정책의 우선순위에 두어 총리실 산하에 특별조직을 설치하여 지속 가능 발전 계획을 수립하고 총괄 조정 역할을 수행하고 있다.

둘째, 2001년부터 2010년까지 장기적인 목표로 환경세를 증액시키고 환경정책의 효율성을 제고하기 위해 다양한 경제적 유인 수단을 사용하고 있다.

셋째, 1999년 환경법령을 근본적으로 개혁하고 기본 원칙인 환경 준칙을 채택하여 15개 환경의 질 목표를 설정하고 매년 모니터링하며 4년마다 평가보고서를 작성하고 있다.

넷째, OECD 회원국 중 최초로 국가 환경보건행동계획을 발간하여 환경과 건강 간의 조화를 도모하고 있다.

다섯째, 환경산업을 육성하여 약 10만 명(인구의 1.5%)의 일자리를 창출하는 등 환경보전과 경제성장 간에 상생을 추구하고 있다.

여섯째, 「교토의정서」보다 강화된 CO_2 배출 기준을 준수하고, 1인당 CO_2 배출량이 OECD 국가 중 최저 수준에 달할 정도로 기후변화 문제 해결에 모범을 보이고 있다("스웨덴의 환경·미래 에너지정책").

글로벌녹색경제지수 순위 1위를 스웨덴이 매번 놓치지 않는 이유가 바로 이것이었다.

5) 행복한 국가의 탄소 제로 정책

앞에서 살펴보았지만, 부탄과 코스타리카는 탄소 제로 국가나 마찬가지다. 북유럽 국가 대부분도 탄소 제로 정책에 적극적이다.

노르웨이는 전기를 주로 수력(96%)으로 생산한다. 이를 토대로 2030년 '이산화탄소 실질 배출량 제로' 정책을 추진하고 있다.

북유럽 국가 중 재생에너지 비중이 가장 높은 국가는 덴마크다. 1973년 1차 오일쇼크 이후 풍력을 적극 활용하는 쪽으로 에너지정책의 방향을 틀었다. 덴마크는 '2020 에너지 전략'을 통해 2020년까지 신재생에너지를 통한 자국 전력 수요의 50%, 총에너지 수요의 35% 이상을 충족한다는 목표로 세웠다. 아울러 2050년까지 신재생에너지원으로 자국의 모든 에너지를 공급해 화석연료 사용을 중단한다는 최종 목표로 세웠다.

이상에서 살펴보았듯이 행복한 나라들은 자연환경이 잘 보존되어 있을 뿐만 아니라, 기후 위기에 선도적으로 대응하여 화석연료를 사용하지 않거나 탄소 제로 정책을 지향하는 녹색국가라는 공통점이 있다.

덴마크에서는 수돗물을 여과 없이 바로 마시고 항만에서 시민들이 자유롭게 수영을 한다. 이처럼 환경은 국민행복지수와 직결되고 국가는 지속 가능하게끔 정책을 만들어야 한다(≪환경일보≫, 2016.7.11).

토머스 리먼Thomas Lehmann 주한 덴마크 대사의 말이다. "환경은 국민 행복지수와 직결된다"라는 그의 말은 틀리지 않다.

6) 한국의 에너지전환지수, 32개국 중 3년 연속 최하위권

한편 한국의 에너지전환지수Energy Transition Index: ETI는 32개 선진국 중 3년 연속 최하위권인 것으로 드러났다. 세계경제포럼이 2020년 5월 13일 발표한 국가별 에너지전환지수 순위에서 한국은 57.7%로, 조사 대상 115개국 가운데 48위를 차지했다. 세계경제포럼은 세계 115개국 을 선진국, 유럽 개발도상국, 아시아 개발도상국, 중남미와 캐리브해 연안국 등 7개 범주로 분류하는데, 한국은 32개 선진국가군 중 최하위 인 그리스보다 한 단계 높은 31위였다.

이 에너지전환지수 평가에서 세계 최고의 행복 국가라는 북유럽 국 가들은 최상위 10위권 이내에 모두 들어가 있다.

한국은 2018년 에너지전환지수 평가에서 56%로 전체 49위, 선진국 가군 중에서는 30위였으며, 2019년 평가에서도 에너지전환지수 58% 로 전체 순위 48위, 선진국가군 중 30위였다. 2020년 평가에서도 에너 지전환지수 점수와 전체 순위는 거의 동일했으나, 선진국가군 중에서 는 31위여서, 전년도에 비해 한 단계 더 내려앉은 것이다..

정부의 친환경에너지 전환정책이 시작된 지 3년 가까이 됐지만, 한 국의 에너지 전환 준비가 여타 선진국에 비해 크게 뒤처져 있다는 징표 다. 세계경제포럼은 2015년 이후 115개국 중 94개국이 에너지전환지 수 종합점수를 꾸준히 향상시켜 왔다고 했는데, 한국만 여전히 제자리

걸음을 하고 있는 셈이다.

또한 독일 베텔스만재단이 발표한 보고서 「사회정의지수 2019」에 따르면, 조사 대상인 41개국 중 한국은 '재생 가능한 에너지 소비' 항목에서 41위, 1인당 생태발자국 39위, 1인당 온실가스 배출량 34위를 차지해 조사 대상 국가 중 최하위권으로 드러났다. 물론 이 지수에서도 북유럽 국가들은 최상위권에 올랐다.

7 일곱 번째 공통점: 신뢰받는 정부와 좋은 지도자

독일 베를린에 있는 국제투명성기구Transparency International: TI가 발표한 2017년도 부패인식지수Corruption Perceptions Index: CPI[3]에 따르면, 1위를 차지한 뉴질랜드를 제외하고 북유럽 국가 대부분은 10위권 이내에 포진해 있고, 부탄은 67점으로 26위, 코스타리카는 59점으로 38위에 올라 있다. 한국은 100점 만점에 54점으로 180개국 중 51위에 올랐다. 이 중 OECD 국가로만 한정하면 한국은 35개국 중 29위 수준이다. 놀랍게도 이는 2017년 OECD가 발표한 한국의 더 나은 삶의 지수 순위 29위와 정확히 일치한다.

더 나은 삶 지수는 주택, 소득, 일자리, 공동체(사회적 관계), 교육, 환경, 거버넌스(시민참여), 건강, 생활만족도, 안전, 일과 삶의 균형 등 모두 11개 분야의 지표로만 측정된다. 부패인식지수는 포함이 안 되는데

---

3   부패인식지수 CPI는 종종 투명성지수라고도 부른다.

어찌 된 일일까?

UN 「세계행복보고서」의 행복지수 순위는 또 어떠한가? 한국은 2017년 156개국 중 56위였다. 놀랍게도 앞의 국제투명성기구가 2017년 발표한 부패인식지수 순위인 51위와 비슷하다.

「세계행복보고서」는 1인당 GDP, 사회적 지원, 건강 기대수명, 삶의 선택의 자유, 관대성, 부패인식도를 기준으로 국가별 행복지수를 조사·발표하는데, 이 중 부패인식도 조사만 한정해 보면 한국은 156개 국가 중 하위권인 126위를 기록했다. 가장 행복한 나라에 오른 핀란드의 부패인식도는 0.22였는데 한국은 그 4배이자, 평균치인 0.74보다 높은 0.85였다.

「세계행복보고서」의 부패 인식 측정은 "당신 나라의 정부와 기업계에 부패가 만연해 있는가?"라는 질문에 대해 "예"라고 대답한 이들의 평균 비율을 계산한 것이다. 이 질문에 한국인들 거의 대부분은 "그렇다"라고 대답했다. 이로 미루어보면 한국은 사실상 부패가 행복 여부를 결정한다 해도 다름 아니다. 그만큼 부패 문제 해결이 시급하다는 반증이다.

1) 신뢰받는 정부

● 북유럽 국가

부패인식지수 순위에서 북유럽 국가들은 모두 최상위권에 올랐다. 뉴질랜드 1위, 덴마크가 2위, 핀란드와 노르웨이 공동 3위, 스웨덴이 6위에 올랐다. 아이슬란드도 13위를 차지했다.

잘 알려져 있듯 북유럽 국가 국민은 소득의 50% 이상을 군말 없이 세금으로 낸다. 그들이 이런 엄청난 세금을 순순히 납부하는 이유는 정부가 부패하지 않아 세금을 허투로 쓰지 않을 것이라고 신뢰하기 때문이다. 그리고 낸 만큼 언젠가 자신이 필요하거나 어려울 때 돌려받을 것을 믿기 때문이다. 북유럽 국가 모두 매년 부패인식지수 조사 결과 최상위권에 오르는 것은 높은 사회적 신뢰와 정부에 대한 신뢰가 반영된 것이다.

「세계행복보고서 2020」은 북유럽 국가의 대표적인 행복의 비밀로 공공기관에 대한 신뢰를 꼽았다. 북유럽의 공공시스템은 믿을 수 있고, 광범위한 복지 서비스를 제공하며, 부패가 거의 없고, 민주주의와 사회제도가 제 기능을 하고 있다는 것이다. 이에 따라 북유럽 시민은 높은 수준의 자치권과 자유를 누려왔고 서로에 대해 높이 신뢰하는데, 이것이 삶의 만족도를 결정하는 데 중요한 역할을 했다는 것이다.

앞서 밝혔듯이 또 다른 행복국가로 알려진 부탄과 코스타리카는 어떨까? 부탄은 부패인식지수 순위 26위, 코스타리카는 38위다. 별로 높은 수준이 아니라고 생각하는 분이 있을지 모르겠다. 그러나 조사 대상국이 180개국에 달하고, 한국이 51위라는 점을 생각하면 이 순위는 상위권에 속한다. 게다가 두 나라가 속해 있는 주변 국가와 비교해 보면 그의미는 더욱 명징해진다.

● 부탄

부탄은 남아시아 국가다. 남아시아에는 부탄을 비롯해 인도, 파키스탄, 방글라데시, 스리랑카, 네팔, 몰디브, 아프가니스탄 등 8개 나라가 있다. 가끔 이란도 포함시켜 9개국이라 말하기도 한다.

이 나라들의 부패인식지수 순위는 어떠할까? 인도가 81위, 스리랑카가 91위로 중위권에 올라 있을 뿐, 대부분의 나라가 100위권 밖에 자리 잡고 있다. 몰디브 112위, 파키스탄 117위, 네팔 122위, 이란 130위, 방글라데시는 143위, 아프가니스탄은 최하위권인 177위다. 26위라는 부탄의 부패인식지수 순위가 얼마나 높은 것인지 알 수 있을 것이다.

● 코스타리카

중미에는 코스타리카를 비롯해 니카라과, 파나마, 엘살바도르, 과테말라, 온두라스, 벨리즈 등 7개 국가가 있다. 멕시코는 북미에 속한다.

코스타리카 부패인식지수 순위는 38위인데, 이웃 국가들은 몇 위일까? 코스타리카를 제외하고 그나마 가장 높은 순위에 오른 나라는 96위의 파나마다. 이 외에는 모두 100위권 밖이다. 엘살바도르 112위, 온두라스가 북미 국가 멕시코와 공동 135위, 과테말라 143위, 니카라과는 151위에 올랐다. 벨리즈는 데이터가 없다. 이를 통해 코스타리카가 중미 국가 중 얼마나 투명성지수가 높은 나라인지 알 수 있다.

물론 코스타리카가 부패 없는 나라는 아니다. 마약 범죄가 기승을 부리고 강력범죄가 증가하는 등 치안이 불안하기도 하다. 그러나 쿠데타와 내전, 독재 등 정치 불안이 계속되고, 마약과 치안 불안 등으로 악명 높은 중미 지역에서 이 정도의 반부패지수를 보여주는 것은 놀라울 정도다.

GDP가 우리나라보다 3분의 1 수준인 개발도상국 코스타리카가 한국보다 13단계나 높은 순위에 올랐다는 것을 어떻게 생각해야 할 것인가? 심지어 GDP가 10분의 1 수준인 부탄과 비교하면 어떠한가? 부끄럽기 그지없는 일이다.

● 부패 척결이 여전한 화두인 한국

한국의 부패는 여전히 매우 심각하다. 수년 전 유치원과 요양원 비리 사건에서 드러나듯 "요람에서 무덤까지 복지" 대신 "요람에서 무덤까지 부정과 비리"가 판을 치고 있다는 냉소가 난무한다. 이것뿐인가? 고위공직자가 연루된 국정 농단 등 권력형 부패, 방산 비리 등 대형 부패 사건들이 잊을 만하면 터져 나온다. 정치와 공직사회의 뇌물과 직권남용, 기업의 횡령과 세금 탈루 등 전근대적인 비리 문화가 깊이 뿌리내리고 있다. 그 폐해가 너무 커 이른바 '부정청탁 및 금품등 수수의 금지에 관한 법률'(김영란법)까지 만들었지만 여전히 부패공화국이라는 오명에서 벗어나지 못하고 있다. 정의의 최후 보루라는 사법부조차 해괴한 농단으로 믿지 못하며, 여전히 유전무죄가 통용된다. 글로벌기업이라는 삼성이 분식회계로 회계 조작까지 저지르는 나라다.

사회서비스 등 민간 영역에서부터 공공 분야에 이르기까지 부패가 만연하여, 도대체 어느 곳(집단)이 떳떳하며 깨끗한 곳인지 눈을 씻고 봐도 찾기 어렵다고 하소연할 지경이다. UN「행복조사보고서」문항 중 "당신 나라의 정부와 기업계에 부패가 만연해 있는가?"라는 질문에 한국인 대부분이 "예"라고 대답한 이유를 알 만할 것이다.

한편 우리나라의 국민권익위원회가 2018년 1월 발표한 「부패와 경제성장의 상관관계 연구」에 따르면, 한국의 부패인식지수가 10점 상승 시 1인당 GDP 성장률은 0.52~0.53%p 증가하고, 일인당 소득 4만 달러 달성 시기를 3년, 5만 달러 달성 시기를 5년 앞당길 수 있으며, 2030년까지 매년 2만 7000개에서 5만 개의 일자리가 창출될 것으로 추정했다. 부패 청산이 경제성장과 일자리 창출에도 기여한다는 것을 보여주는 연구다(≪서울신문≫, 2018.1.24).

또한 비슷한 시기인 2017년 12월 한국사회여론연구소가 발표한 여론조사 결과에 따르면, 2018년 문재인 정부의 최우선 국정 과제로 20.4%가 '부정부패 척결과 정치개혁'을 꼽아 가장 높았다.

이러한 국민여론에 부응한 것인지, 문재인 정부는 2018년 4월 반부패 5개년 계획을 세웠고, 급기야 2018년 11월 3차 반부패회의 자리에서 문재인 대통령이 직접 '생활 적폐 청산'을 강도 높게 주문하기에 이른다. 이날 회의를 마치며 문 대통령은 "반부패정책은 문재인 정부 5년 내내 추진해야 하는 중요한 과제"라고 강조했다고 한다(≪뉴스1≫, 2018. 11.20). 3년이 지난 지금 우리 국민의 부패 체감 정도는 얼마나 개선되었을까?

한국을 부패 없는 깨끗한 나라로 만들어야 한다. 부패는 사회정의와 법치주의를 해치고, 민주주의를 위협할 뿐 아니라 건전한 경제발전도 가로막아 국민행복을 저해한다. 반복하지만 부패는 행복의 중요한 요소 중 하나인 '정부에 대한 신뢰'와 밀접히 관계된다. GDP가 아무리 높아도 사회적 지원이 없거나, 부패가 심한 나라라면 행복하지 않다. 한국 국민들이 행복하려면 부패가 근절돼야 한다. 부패 없는 나라가 행복한 나라다.

부패가 없으려면 제도도 중요하지만, 결국은 사람(지도자)을 잘 만나거나 잘 뽑아야 한다. 그 제도를 만들고 시행하는 것은 바로 사람이기 때문이다.

2) 좋은 지도자

● 부탄: 선정을 베푸는 국왕

불교 왕국 부탄은 어느 곳을 가더라도, 거리나 사원 심지어 레스토랑과 나이트클럽에조차 국왕과 왕실 사진이 내걸려 있다. 불교 사원에조차 고승 그림이나 사진과 함께 왕가의 사진이 동격으로 전시돼 있는 걸 보면, 거의 신격화된 존재나 다름없어 보인다. 부탄 사람들의 왕가에 대한 존경과 신망이 어느 정도인지 짐작할 수 있다. 이와 같은 신망은 어떻게 생겨난 걸까? 단지 전통적으로 내려온 관습이자 불교 국가여서 그런가? 천만의 말씀이다.

부탄의 왕으로 국민총행복지수를 도입한 4대 왕이 많이 알려져 있지만, 실제 행복한 나라 부탄의 기반을 만든 이는 바로 3대 왕 지그메 도르지 왕축Jigme Dorji Wangchuck이다. '현대 부탄의 아버지'로 불리는 그를 기리고 추념하기 위해 수도 팀부 시내에 국립기념탑 메모리얼 초르텐이 세워져 있을 정도다.

3대 왕은 재임 기간에 여러 가지 혁명적 정책을 시행했다. 병원을 지었고 영국식 현대 교육제도를 도입했으며, 히말라야 지역에 뿌리 깊던 봉건주의를 타파함은 물론이고 현대적 사법제도를 도입해 억울한 사람이 없게 했으며, 민주주의를 국가 목표로 설정하기도 했다. 부탄 근대화의 초석을 마련한 것이다. 인도와 동맹을 맺어 우호관계를 구축해 지

그림 2-7

부탄의 한 사원에 걸려 있는 5대 왕 가족사진
고승 사진과 나란히 걸려 있다. 2017년 7월 필자 촬영.

금까지도 이어지고 있으며, UN에도 가입했다. 이러한 그의 선구적 개혁 작업에 힘입어 은둔의 나라 부탄이 세상 속에 드러나게 됐고, 그 뒤를 이은 4대 왕이 행복정책을 본격적으로 시행할 수 있었던 것이다.

부왕의 뒤를 이어 1972년 17세의 어린 나이로 즉위한 4대 왕 지그메 싱게 왕축Jigme Singye Wangchuck(1955~)은 2006년 한창 일할 나이인 51세에 당시 36세의 아들 지그메 케사르 남기엘 왕축Jigme Namgyel Wangchuck에게 왕위를 물려줘 세계의 이목을 집중시켰다.

동서양을 막론하고, 사극에서 단골 메뉴로 등장하듯 권력은 부자간에도 나눌 수 없기에 핏줄조차 제거하는 냉혹한 궁중 암투에 익숙한 우리로서는, 입이 쩍 벌어지는 '사건'이 아닐 수 없다. 또한 절대왕정 국가에서 생전 양위는 흔치 않은 일이기 때문이다. 세계 각국의 왕실이 권력에 대한 탐욕과 부패, 추문으로 얼굴을 찌푸리게 하는 것과는 전혀 다른 모습 아닌가?

4대 왕의 놀라운 행보는 이것만이 아니었다. 2001년 국왕이 갖고 있던 행정권을 각료위원회에 이양하는 등 왕실 권력을 스스로 내려놓았으며, 더 나아가 입헌군주제의 필요성을 일찍부터 강조하기도 했다. 오히려 국민들의 반대로 그가 왕위에 있을 때는 입헌군주제가 이루어지지 못했다.

이뿐인가? 1970년대 후반부터 국민총행복을 국가정책으로 시행한 탁월한 계몽군주다. 국민의 행복을 이토록 걱정하는 왕이 있을진대, 어찌 부탄 국민들이 행복하지 않겠는가?

"그 할아버지에 그 아들, 그 아들에 그 손자"라고 했던가. 5대 왕은 양위받은 지 2년 만인 2008년 총선을 처음 실시해 부탄을 입헌군주제로 바꾸었다. 인류 역사상 처음으로 왕 스스로 절대왕정 체제를 입헌군주제로 바꾸어 권력을 국민에게 이양한 것이다. 평민 출신 아내를 맞이했고, 수십 리 산길을 짐을 손수 메고 직접 걸어 사원에 찾아가기도 했단다. 이렇듯 국민을 위해 선정을 베푸는 왕이 계속 이어지는데, 국민들이 어찌 행복하지 않겠는가?

2016년 9월 15일 자 부탄문화원 페이스북을 살펴보다가 다음과 같은 글을 발견했는데, 내 생각과 유사해 무릎을 치게 한 내용이라 여기에 옮겨보았다.

불교 나라 부탄 사람들이 행복한 이유 6가지

❶ 휴식할 수 있는 집이 있다.

❷ 먹을 수 있는 음식이 있다.

❸ 입을 수 있는 옷이 있다.

❹ 나 아닌 누구를 위해 기도해 줄 수 있다.

❺ 우리를 위해 언제나 선정을 베푸는 왕이 있다.

❻ 항상 가까이 있는 부처님께 기도할 수 있다.

❶, ❷, ❸은 인간 생존의 최소 필요조건인 의식주를 말한다. 화려하지는 않지만 기본적 의식주만 해결되면 행복하다는 소박한 생각, 작은 것으로 만족하는 삶을 말한다. 중요한 키워드는 ❹, ❺, ❻이다. 먼저 ❹는 강력한 공동체 의식을 뜻한다. ❺는 국민의 절대적 존경을 받는 왕의 존재를 말한다. 그들에게 왕은 언제나 선정을 베푸는 어버이 같은 존재다. 마지막으로 ❻은 삶의 문화로 굳어진 티베트불교를 얘기한다.

공동체 의식과 불교적 가치관 다음으로, 부탄 행복의 비밀이 바로 이 매력적인 부탄 왕들에게 있다고 보는 이유가 바로 이것이다. 이런 왕실이 있다는 사실만으로도, 부탄 국민들에게는 행복이 아닌가?

● 코스타리카: 평화국가 만든 지도자들

코스타리카 대통령의 임기는 4년이다. 재출마는 가능하지만, 연속 재임은 불가능하다. 지금의 코스타리카를 있게 한 국가 지도자로, 3명의 대통령을 들 수 있다.

코스타리카의 현대를 연 국가 지도자는 라파엘 엔젤 칼데론 구아디아Rafael Angel Calderon Guardia 대통령이다. 인근 중미 국가들이 독재로 신음하던 때 칼데론은 혁신적인 토지개혁을 실시했다. 토지 없는 농부가 미개척지를 경작하면 소유권을 부여했다. 이 외에도 최저임금 확정, 유급휴가, 실업 보상, 점진적 과세 등 노동자의 권리를 보장하는 일련의 개혁정책을 시행했다.

그 뒤를 이어 집권한 대통령은 호세 마리아 이폴리토 피게레스 페레르José María Hipólito Figueres Ferrer이다. 무려 세 번씩이나 대통령을 지낸 정치인으로, 코스타리카의 현대를 연 국부로 추앙받는다. 돈 페페Don Pepe라는 애칭으로 불리기도 하는데 1948년 쿠데타 당시 나이가 42세로, 커피 농부이자 경제학자이며 철학자였다.

비록 쿠데타로 집권했으나 이후 내전으로 피해가 커지자, 1948년 12월 1일 '군대 폐지'를 선언, 평화국가의 초석을 깔았다. "병영을 박물관으로 바꾸자"라는 그의 제안은 내전으로 피폐해진 국민에게 폭넓은 지지를 받았다. 의도적으로 육군사령부 요새에서 진행한 이 선언식에서 그는 요새의 벽을 망치로 부수어 넘어뜨리는 퍼포먼스를 했다. 마침내 1949년 11월 7일 발효된 새 헌법에 "항구적 조직으로서 군대를 금지한다"라는 비무장 조항(12조)이 포함되었다. 이후 코스타리카는 1983년 미겔 몬헤Miguel Monge 대통령 시절 '적극적 영구 비무장 중립선언'으로 중립국으로 자리매김한다(리키야, 2011: 59~70).

피게레스는 군대 폐지만이 아니라 여성과 흑인에게 투표권을 부여하는 획기적 정책을 시행했다. 은행과 보험회사를 국유화하기도 했다. 국민의 열렬한 지지 속에서 1953년과 1970년 다시 대통령직에 올라 약 20여 년간 코스타리카 정치를 좌지우지했다. 1994년에는 그의 아들

호세 마리아 피게레스 올세José María Figueres Olse가 대를 이어 대통령에 당선되기도 했다. 그는 자신의 정치 기반을 구축하기 위해 민족해방당 Partido de Liberacion Nacional: PLN을 창설했다.

다음은 오스카 아리아스 산체스Óscar Arias Sánchez 대통령이다. 미국 보스턴칼리지에서 의학 공부를 하고 코스타리카대학교에서 법학과 경제학을 전공했으며, 영국 에식스대학교에서 정치학 박사학위를 받았다. 이후 사회민주주의계 중도 우파 성향의 민족해방당에 가입해 정치에 입문하여 국회의원으로 선출되었다.

1986년 대통령에 당선되었고, 이후 2006년 재선되었다. 첫 임기 기간인 1987년 내전에 휩싸인 중미 국가들을 상대로 평화 협상을 이끌어낸 공로로 노벨평화상을 수상해 코스타리카 국민을 자랑스럽게 했다. 피게레스 대통령이 군대를 없애 평화국가의 초석을 놓았다면, 아리아스는 코스타리카를 평화를 수출하는 나라로 자리매김하게 한 것이다. 그는 생태관광을 주요 산업으로 육성하기도 했다.

군대를 없애고 무상의료와 무상교육 등에 힘써 국민들의 기본권과 행복을 위해 노력해 온 이들 지도자로 인해, 독재와 내전으로 얼룩진 중미 국가 중에서 독보적인 나라로 우뚝 설 수 있었고, 세계에서 행복한 나라가 될 수 있었다.

● 덴마크: 중흥의 아버지 그룬트비

내 연배의 세대라면, 학창 시절 배워 아련히 떠오르는 이름이 있을 것이다. 그가 바로 니콜라이 그룬트비Nikolai Grundtvig다. 덴마크 중흥의 아버지로 불리는 그는, 특히 박정희 대통령이 새마을운동을 펼치면서

벤치마킹 대상으로 삼았던 인물이다. 그래서 중등 교과과정에까지 소개되었으리라 생각한다.

그때는 덴마크 농촌부흥운동의 선구자로 주로 소개되었는데, 요즘 국내에서는 교육철학자로 소개된다. 자유학교라고 불리는 성인 대안학교 폴케호이스콜레를 1844년 창설해 '평생교육의 아버지'라고도 불리는 그는, 시민의 각성이 중요하다고 판단하여 시민교육에 열정을 바쳤다.

그룬트비는 신학자이자 루터교회 목사, 시인, 교육자, 역사가, 철학자, 민족운동가, 국회의원을 지낸 정치가였기도 했다. 쇠렌 키르케고르Søren Kierkegaard, 한스 안데르센Hans Andersen과 동시대를 산, 명함 한 장으로는 모자란 이력을 가진 사람으로, 덴마크 국민의 행복을 위해 일생 노력했다. 그래서 덴마크 국민들은 좌우를 막론하고 그를 존경한다. "그룬트비 같은 사람을 덴마크가 갖고 있다는 게 행운"이라는 말이 나돌 정도다.

● 스웨덴: 가장 존경하고 사랑받는 정치인 팔메

스웨덴 사회민주당 소속의 전 총리 올로프 팔메Olof Palm는 스웨덴 사람들이 가장 존경하며 사랑했던 정치인으로 십중팔구 꼽는 인물이다. 팔메를 얘기하지 않고는 오늘의 스웨덴을 논할 수 없다고까지 할 정도다. 남녀평등을 보장하고, 보편적 복지를 확대했으며, 노동자의 권리를 강화하기 위한 제도를 잇달아 도입해 복지국가 스웨덴을 완성한 인물이다.

팔메가 시행한 양성평등 정책은 부부 별도 과세, 탁아시설 확충, 모성휴가에서 부모휴가로 확대, 낙태 합법화, 이혼 후 공동양육권제 도입 등이다. 노동자차별금지법, 노동조합보호법, 노동자안전강화법, 고용보호법, 노동자 경영 참여보장과 노동환경 개선 등 노동자를 보호하기 위한 일련의 법률도 제정했다. 총리 재임 기간 중 공중보건시스템 확충, 의료개혁, 노인 보호, 실업보조금과 연금 개혁 등을 실행해 스웨덴 사회복지 시스템의 전반적인 틀을 완성했다. 사회복지와 안전망에 대한 팔메의 신념은 다음 연설에 함축돼 있다.

> 자라고, 교육받고, 친구를 사귀고, 직장을 구하고, 생활비를 벌고, 살 곳을 정하고, 가정을 꾸리고, 아이를 기르는 과정에서…… 누구나 일정 수준 이상의 삶을 누리며, 나이를 먹어 쇠약해졌을 때에도 삶의 존엄성을 지킬 수 있어야 한다. 사회의 목적과 연대의 목적은 모두 사회의 자원을 활용하며 구성원이 그들의 삶을 성취하는 것이다(하수정, 2012: 197).

이를 '국민의 집'인 국가가 책임지고 보장해 주어야 한다는 것이 팔메의 생각이었다.

또한 팔메는 미국과 소련을 비판하며 제3세계 국가를 지원하기도 했다. 미국의 베트남전쟁도 소련의 프라하 침공도 반대했다. 혁명 이후 쿠바를 방문한 최초의 서구 정부 수반이기도 했고, 이란과 이라크 전쟁 당시는 UN의 특별 중재 역할을 하기도 했다. 핵무기 확산을 반대했으며, 중립노선을 확고히 천명했다.

1986년 팔메가 암살당한 뒤 그에 대한 존경과 슬픔은 스웨덴 국내뿐 아니라 세계를 울렸다.

올리버 탐보Oliver Tambo 남아프리카공화국 아프리카민족회의 의장은 그를 "베트남에서 니카라과까지, 엘살바도르에서 팔레스타인까지, 사하라에서 남아프리카까지 지구를 돌며 세계의 시민이 된, 짓밟힌 자들의 형제이자 동지가 된 이 정의로운 거인"(하수정, 2012: 295)으로 표현했으며, 생전에 견원지간이나 다름없었던 헨리 키신저Henry Kissinger도 장례식에서 이렇게 칭송했다.

평화가 위협당하고 정의가 거부되고 자유가 위기에 처하는 곳마다, 그곳이 중동이든, 중앙아메리카든, 남아프리카든, 핵무기 사용이 논의되는 곳이든, 팔메는 그곳을 찾아 중재를 이끌었다(하수정, 2012: 295).

이렇게 팔메는 스웨덴뿐 아니라 세계가 사랑한 정치인이었다.

● 핀란드: 만네르하임, 리티, 할로넨
핀란드인은 존경하는 인물로 C. G. 만네르하임C. G. Mannerheim과 R. H. 리티R. H. Ryty 대통령을 꼽힌다. 만네르하임은 장군 출신으로 두 차례 소련과의 전쟁에서 전쟁을 종식시키고 독립을 지켜낸 독립 영웅이다. 77세에 대통령직을 맡았으나 2년 후 스스로 권좌에서 물러나, 물러날 때를 안 인물로 평가받는다. 지금도 핀란드인의 국부로 무한한 존경을 받고 있다.
만네르하임 다음으로 존경받는 인물이 리티 대통령이다. 만네르하임에게 대통령직을 물려주면서까지 나라를 위기에서 구한 인물이다. 나라를 구하기 위해 나치 독일과 손잡는 것도 마다하지 않았고, 독일의

패전이 가까워오자 소련과의 휴전협상에 앞장서기도 했다. 후임 대통령인 만네르하임이 소련과 휴정협정을 맺도록 돕기 위해 독일과의 협력 책임을 모두 자기에게 돌렸다. 이 때문에 전쟁이 끝난 후 1급 전범으로 찍혀 10년 금고형을 선고받았다. 투옥 중 위암에 걸려 가석방되었지만, 결국 투병 끝에 사망했다. 소련은 국장하지 말 것을 강력히 권고했지만, 핀란드는 국장으로 그의 사망을 추모했다(강충경, 2018: 244~258).

이보다 시기를 좀 당겨보면 타르야 할로넨^{Tarjaa Halonen} 대통령도 작지만 강한 나라 핀란드를 만든 여성 지도자로 추앙받는다. 2000년 대통령에 취임해 여성 대통령으로는 처음으로 재선에 성공한 그녀는 퇴임 시 지지도가 80%에 달했다.

그의 리더십은 별칭인 무민 마마^{Moomin Mama}에 잘 드러난다. 핀란드 국민 캐릭터인 '무민의 엄마'라는 뜻으로, 국민 엄마라는 것이다. 엄마처럼 국민을 가족과 같이 편안하게 잘 챙겨주고, 잘 들어주며, 공평하게 나눠 주는 정치를 실천했다. 그의 재임 시절 핀란드는 국가청렴도, 국가경쟁력, 교육경쟁력 1위 국가가 되었다(≪한겨레신문≫, 2014.9.4).

● 좋은 지도자가 국민의 행복을 결정한다

놀랍게도 행복정책을 권고한 2011년 UN 총회의 결의를 주도한 국가 중 하나가 아직도 원조를 받고 있는, 인구 70만 명에 불과한 부탄이다.

코스타리카는 비무장을 매개로 국제사회, 특히 중남미에서 평화의 중재자로 자리매김했다.

스웨덴의 올로프 팔메는 또 어떤가? 다음은 베트남전쟁 반대시위가 있던 1968년에 노동절 기념 연설에서 그가 한 말이다.

> 스웨덴의 중립노선은 자결권을 말합니다.…… 중립은 고립을 의미하지 않습니다. 작은 나라인 우리의 영향력은 미약합니다. 그렇다고 해서 인류의 평화와 중재, 민주주의, 사회정의를 위한 노력까지 작은 것은 아닙니다. 중립은 침묵을 의미하지 않습니다(하수정, 2012: 263).

세 나라의 지도자들을 보며 소프트파워soft power를 실감한다. 그들의 힘은 경제력도 군사력도 아니었다! "좋은 지도자가 국민의 행복을 결정한다"라는 사실도 새삼 배운다.

8 여덟 번째 공통점: 평화와 국교(國敎)

1) 평화

● 행복의 대전제, 평화

인간이 가장 행복하지 않은 상황은 전쟁이 벌어졌을 때다. 전쟁은 행복의 기본 조건 중 하나인 육체적 건강뿐 아니라 정신적 건강까지, 즉 외상뿐만 아니라 내상도 입힌다.

서로 죽고 죽이는 그 비인간적인 참혹함도 문제지만, 전쟁은 관계를 단절시킨다. 국가와 국가와의 단절만이 아니라, 지역과 지역, 사람과 사람도 단절시킨다. 특히 가장 중요한 가족 간 단절은 물론이고, 사람과 자연 간의 단절까지 초래한다. 더 심각하게는 존재의 단절에까지 이르게 한다. 앞서 사람과 자연과의 좋은 관계가 행복의 전제조건이라 얘기했다. 전쟁은 이 조건을 산산이 깨버리는 것이다.

전쟁의 심각성은 개인적 불행만이 아니라 집단적 불행을 가져오며 그 영향도 오래 지속된다는 점에 있다. 인류는 제1, 2차 세계대전을 통해 전쟁의 비참함을 체험했다. 한국인은 6·25 전쟁을 통해, 제주사람은 4·3을 통해 그 참혹함을 몸서리치게 경험했다. 전쟁이 끝난 지 70년이 지나고 있지만, 그 아픈 기억과 집단적 트라우마는 지속되고 있다. 그뿐 아니라 이어진 분단 상황은 다방면에서 우리 국민의 행복에 부정적 영향을 미치고 있다. 군사비에 지출할 예산을 국민들의 행복에 지속적으로 투자한다고 생각해 보라.

행복한 나라의 공통점 중 하나는 평화다. 어쩌면 평화는 행복의 제1전제다. 지금까지 살펴본 모든 조건이 완벽히 갖췄더라도, 전쟁이 발발하는 순간 모든 것이 멈춰버리며 모든 관계가 산산조각 나버리기 때문이다.

● 비무장과 중립국

그래서 행복한 나라라고 말하는 나라들은 전쟁을 반대하고 평화를 지키기 위해 각별한 노력을 기울이고 있다. 군대가 아예 없거나, 무장하고 있더라도 매우 미미한 상징적 수준에 불과하며, 전쟁에 휘말리지 않기 위해 중립국을 표방한다. 군사비에 쓸 예산을 사회복지와 교육에 투입해 국민들의 행복지수를 높이고 있다.

외침과 내전이 일상이던 중남미 지역 한가운데서 코스타리카는 1948년에 군대를 없앴다. GDP가 한국의 3분의 1 수준밖에 안 되는 이 나라는, 군사비를 교육과 보건의료, 친환경에너지 등에 써 세계에서 가장 행복한 나라 중 하나가 됐다.

코스타리카의 국부로 추앙받는 피게레스 페레르 대통령은 한국에서는 4·3의 비극이 일어난 1948년 '군대 폐지'를 선언해 평화국가의 초석을 깔았다. 다음 해에는 비무장 조항을 '헌법'에 담았다. 이후 코스타리카는 1983년 "적극적 영구 비무장 중립"을 선언했다. 아리아스 산체스 대통령은 1987년 내전에 휩싸인 중미 국가들을 상대로 평화 협상을 이끌어내 노벨평화상을 수상하기도 했다. 평화를 코스타리카의 아이콘으로 만든 것이다.

또 다른 행복한 나라 부탄은 군대가 있지만 없는 것이나 마찬가지다. 세계 각국의 군사력을 비교하는 GFP Global Fire Power의 2020년 데이터에 따르면 부탄은 138개국 조사 대상 중 138위로 꼴찌다. 그 대신 상호방위조약을 체결한 인도의 군사적 보호를 받고 있다. 한국은 138개국 중 6위로, 15위인 북한의 군사력에 비해 압도적 우위에 있다(South Korea Military Strength, 2020). 한미상호방위조약에 의거 미군이 주둔하고 있기까지 하다.

이런데도 한국 국방부는 2020년 8월 10일 발표한 '2021~2025 국방중기계획'에서 총 300조 7000억 원의 예산을 투입할 계획을 밝혔다. 국방부의 계획대로라면 국방예산은 2024년에는 60조 원을 넘어서게 된다. 2025년에 67조 6000억 원에 도달하면 국방비가 일본과 같아지거나 추월하고, 2026년에는 70조 원을 돌파할 전망이다. 국방예산이

2017년 40조 원 대를 넘어선 이래 매년 가파르게 증가하고 있다(≪경향신문≫, 2020.8.10).

　행복하다는 북유럽 국가 중 하나 아이슬란드는 NATO 회원국 중 유일하게 군대가 없다. 해안경비대와 경찰만 있는데, 경찰조차 총을 소지하지 않는단다. 스웨덴과 핀란드는 코스타리카처럼 중립국이다. 앞서 팔메 총리를 살펴보며 잠시 이야기했듯 스웨덴은 국제사회에서 평화의 중재자로 자리매김했다. 코스타리카 또한 그렇다. 한국전쟁처럼 내전을 겪고 러시아의 침략을 자주 받았던 핀란드는 중립국 정책을 고수했다.

　이것은 2가지 의미가 있다. 첫째, 평화야말로 국민행복의 중요한 전제이자 조건이라는 점을 가르쳐준다. 전쟁은 인간의 불행이 가장 첨예하게 드러나는 현장이기 때문에 그렇다. 둘째, 군사비에 쓸 돈을 대신 국민 건강과 교육, 복지 등에 써서 국민행복이 증진됐다는 사실이다. 코스타리카와 부탄이 그 단적인 사례다.

　이렇듯 평화는 행복의 대전제이자 필수 요소다. 단순히 민족 통일이라는 오래된 감상적 염원 때문이 아니라, 남북한 국민의 행복을 위해서라도 평화는 절대적으로 필요하다. 남북한 공히 영세중립국을 선언해 국제적으로 인증받는 그날을 꿈꾼다.

2) 국교

● 국민통합과 행복도를 제고하는 국교

부탄과 코스타리카, 덴마크 등 북유럽 국가 모두 국교國教가 있다. 부탄은 티베트불교, 코스타리카는 로마가톨릭, 북유럽 국가는 루터교회다. 국교가 있다고 하면 일반적으로 다른 종교는 불허하는, 시대에 뒤떨어진 봉건적인 나라로 간주되는데, 이 나라들의 경우는 다르다. 종교가 문화에 깊이 스며들어 있으며, 오히려 행복도를 제고하고 국민통합에 긍정적 효과를 미치는 듯하다.

앞에서 부탄 국민의 행복관은 티베트불교에 깊은 뿌리를 두고 있다 얘기했다. 부탄 사람들은 모든 존재가 인과관계로 연결돼 있다는 연기법을 믿는다. 여기서 모든 존재는, 사람만이 아닌 자연도 포함한다. 즉 인간과의 관계뿐 아니라, 자연과의 관계 또한 공존·공생해야 한다는 세계관을 갖고 있다. 그래서 이들은 자식이 성공하게 해달라고 재물이 많아지게 해달라고 기도하지 않는다. 자연이 그대로 제자리에 있기를, 자기 자신이 아니라 남을 위해 기도한다.

행복하려면 자기 자신과의 관계뿐 아니라, 사람과 자연과의 관계도 좋아야 한다. 부탄 사람들은 물질적으로는 풍요롭지 않지만, 이 3가지를 갖추고 있어 행복하다. 티베트불교의 가치관이 문화와 관습으로 스며들어 있기 때문이다.

북유럽 국가들은 복음주의 루터교회가 국교다. 헌법에 국교로 명시돼 있으며, 태어날 때부터 자동으로 루터교회인으로 등록된다. 출생과 결혼, 장례 등 일생의 중요한 순간을 이 루터교회와 함께하지만, 실제 예배에 출석하는 사람들은 별로 없다. 속칭 '나이롱 신자'가 대부분으로, 평생 교회에 가는 것은 태어나 유아세례 받을 때, 결혼식 때, 견진성사와 장례식 때라는 말이 나올 정도다.

그런데도 이들의 행복도와 관용도는 세계 최고 수준이다. 그 이유는 북유럽인의 삶의 태도로 견고하게 스며들어 있는 루터교회의 덕목 때문이다. 겸손과 검소, 개인주의나 엘리트주의를 배격하고 공동체의 가치와 관용을 중시하는 것 말이다. 북유럽국가는 일찍 동성애 부부의 결혼식까지 받아들였다. 성수소자에 대한 한국 교회의 극심한 혐오와 정죄와는 극명하게 비교되는 대목이다. 당연히 다른 종교에 대해서도 매우 관대하다.

코스타리카는 가톨릭이 국교다. 가톨릭이 국교인 나라는 로마교황청 외에 세계에 네 나라밖에 없다. 모든 공식행사는 가톨릭식으로 행해진다. 부활절(3~4월 중)과 성모의 날(8월 2일)이 공휴일로 지정될 정도다. 스페인령이었던 중남미 국가 대부분이 그러하듯, 가톨릭 중에서도 스페인을 기반으로 출발한 예수회 계열이다.

예수회는 중남미에서 토착문화와 전통을 인정하는 토착주의 선교방식을 채택했다. 예수회 등장 이전까지 중남미 선교는, 선교지의 토착문화와 전통을 무시하고, 유럽식 그리스도교를 옮겨 심는 것이었다. 우리나라의 개신교도 그러했다. 그러나 예수회는 이런 경계를 허물었다. 현지의 전통과 문화 또한 하느님의 창조물 중 하나로 인정하고 핵심 교리 중심의 선교 활동을 펼친 것이다. 당연히 관용이 중심 가치가 되었다.

코스타리카는 관용과 중남미 특유의 낙천적 성격이 어우러져 국민들의 행복도가 높다. 국민 대다수가 가톨릭신자인 이 나라는 2018년 4월 동성결혼을 찬성하는 젊은 후보를 대통령으로 뽑았고, 같은 해 8월에는 대법원도 동성결혼 합법 판결을 내렸다.

돈보다 가족 및 이웃과의 관계를 더 중시하는 코스타리카 사람들,

순수한 삶을 뜻하는 푸라비다가 일상의 인사인 이 나라는 그래서 행복하다.

● 종교의 보편적 가치
다음은 「세계행복보고서」에 실린 문장이다.

> 잘 기능하는 사회에서는 "우리가 대접받고 싶은 대로 남에게 대접해야 한다"는 보편적 가치를 광범위하게 지지하는데, 이 가치가 바로 모든 종교적 계율에서 상위를 차지하고 있는 황금률이다.…… 심리학과 신경과학 측면에서, 다른 사람들을 더 돌보는 사람들이 대체로 더 행복하다는 명확한 증거가 있다.…… 공동체에서 우리의 행복과 웰빙은 협동의 가치에 의존한다. 세계의 대다수 종교들 또한 이러한 가치를 가르친다(헬리웰 외, 2017: 81~82).

세 지역의 종교가 각기 다른데도, 보편적 가치를 가르치고 있는 것이다. 그래서 행복한 나라들이다. 한국은 어떠한가? 한국의 종교는 이러한 보편적 가치를 잘 가르치고 있는가?

지금까지 살펴본 8가지 외에도 행복한 나라의 공통점으로 민주주의 등이 있지만, 이 정도로 마무리한다.

3장

행복 노트

1 행복추구권은 급진적이며 혁명적이다!

행복은 개인적인 동시에 사회적인 것

몇 년 전부터 행복을 얘기하기 시작하니, 대놓고 표현하지는 않았지만 '한가하게 행복 타령인가?' 하고 뒤에서 냉소하는 시각을 느꼈다. 하기야, 나 또한 처음엔 그랬으니 충분히 그럴 만하다. 행복은 어느 정도 살 만한 소부르주아의 개인적 희망이나, 국가의 공적 책임을 회피하게 해줄 위험이 있는 긍정심리학의 주요한 아이템 정도로 이해해 온 것이 사실이기 때문이다.

그러나 행복, 더 구체적으로는 국민총행복을 공부하면서 이러한 생각이 잘못된 것임을 알았다. 오히려 행복이야말로 가장 급진적이며 혁명적인 개념임을 깨달은 것이다.

1) 행복추구권은 맹자의 역성혁명론과 일맥상통한다

1776년 행복추구권을 최초로 명시한 미국의 「독립선언서」는 생명, 자유, 재산의 권리에 관한 존 로크^{John Locke}의 사상을 토머스 제퍼슨 ^{Thomas Jefferson}이 차용한 것으로, 프랑스혁명에도 영향을 끼친 서양 근대 정치사상사에 중요한 획을 긋는 문서다.

「독립선언서」에 명시된 '행복을 추구할 권리'는 생명과 자유 보장을 전제로 하며, 개인의 행복 추구를 보장하는 것이 국가의 기능과 책임이라고 명시하고 있다. 즉 모든 인간은 평등한 천부권을 가지고 있기 때문에 국가는 '모든 국민'의 행복, 즉 공공의 행복을 최대한 보장해 줄 책임이 있다고 해석된다.[1]

로크는 통치자가 공공의 선에 반하는 행동을 할 경우, 국민은 마땅히 그를 축출할 수 있다는 혁명론을 설파했다. 인간의 행복이 공공의 선이기에 이를 보장해 주지 않거나 실패한 정부는 전복할 수 있다는 혁명적 이론을 주창한 것이다. 이는 군주가 덕을 상실하여 민심이 떠나면 그 군주를 바꿀 수 있다는 맹자의 역성혁명론과 유사하다. 이런 의미에서 행복추구권은 매우 급진적이며 혁명적이다.

이보다 50년이나 앞선 1729년 부탄 법전에 "정부가 백성을 행복하게 하지 못한다면 그런 정부는 존재할 필요가 없다"라는 조항이 있다. 정부가 백성을 행복하게 하지 못할 때 그런 정부는 "존재할 필요가 없다"라는 말보다 더 급진적 표현이 있을까?

---

1   이상은 이영호(2017: 75~114)를 참조해 구성했다.

한국 '헌법' 10조에도 "모든 국민은 인간으로서의 존엄과 가치를 가지며, 행복을 추구할 권리를 가진다. 국가는 개인이 가지는 불가침의 기본적 인권을 확인하고 이를 보장할 의무를 진다"라고 명시돼 있다.

이를 거꾸로 해석해 보면 '국가는 국민의 천부인권인 행복추구권을 보장할 의무가 있다. 만일 이 의무를 다하지 못할 시에는, 국가와 정부로서 자격이 없으므로 탄핵되거나 전복되어야 마땅하다'는 뜻이다.

이렇게 엄중한 '헌법' 10조를 역대 정권과 정치권은 그저 상징적 조항으로 치부해 왔다. 국민에게 의무를 요구하고, 그 의무를 다하지 않을 시 처벌까지 하면서, 정작 국가와 정부는 그 의무를 다해오지 않았던 것이다. 누가, 어느 세력이 정권을 잡든 이 조항을 가슴 깊이 새길 일이다.

2 국민'총'행복의 의미

1) 왜 국민총행복인가?

1968년 3월 18일, 대통령 후보였던 로버트 케네디^{Robert Kennedy}는 캔자스대학교에서 다음과 같이 연설했다. 당시는 미국이 베트남전쟁과 흑인 인권문제 등으로 힘든 시기였다.

현재 우리 GDP는 연간 8000억 달러가 넘습니다. 그러나 여기에는 대기오염, 담배 광고, 시체가 널려 있는 고속도로를 치우는 구급차도 포함합니다. 우리

문을 잠그는 특수한 자물쇠, 그것을 부수는 사람들을 가둘 교도소도 포함됩니다. 레드우드 숲이 파괴되고 울창한 자연의 경이로움이 사라지는 것도 포함됩니다. 네이팜탄도 포함되고, 핵탄두와 도시 폭동 제압용 무장경찰 차량도 포함됩니다. 휘트먼Whitman의 소총과 스펙Speck의 칼, 우리 아이들에게 장난감을 팔기 위해 폭력을 미화하는 TV 프로그램도 포함되지요.

반면 GDP는 우리 아이들의 건강이나 교육의 질, 놀이의 즐거움을 반영하지 못합니다. 또한 우리 시의 아름다움이나 결혼의 장점, 공개 토론의 높은 지성과 공무원들의 성실함도 포함하지 않습니다. 우리의 해학이나 용기도, 우리의 지혜나 배움도, 국가에 대한 우리의 헌신이나 열정도 포함하지 않지요. 간단히 말해 GDP는 우리의 삶을 가치 있게 만드는 모든 것을 제외한 모든 것을 측정합니다 (REMARKS AT THE UNIVERSITY OF KANSAS, 1968.3.18).

케네디의 이 명연설은 GDP의 한계를 극복하고 새로운 지표와 정책으로 전환해야 하는 당위성을 명료하게 가르쳐준다. 만일 케네디가 암살당하지 않고 미국 대통령이 되었다면 어땠을까? 미국만 아니라 세계가 바뀌지 않았을까 한다.

케네디가 이렇게 일찍이 GDP의 한계를 역설했음에도, GDP은 경제적 행복지수로 혼동되어 세계 각국의 발전지표로 사용되어 왔다. 단지 시장생산을 측정하는 지표일 뿐인데 말이다. 이후 2010년을 전후하여 OECD와 UN 차원에서 GDP을 뛰어넘어 국민총행복을 높이는 새로운 지수를 찾아야 한다는 주장이 일반화되었다. 놀라운 것은 히말라야의 작은 나라인 부탄은 이미 1972년부터 국민총행복을 국정 지표로 삼고 있었다는 사실이다.

2) 국민총행복의 비밀

부탄의 국민총행복 정책은 보면 볼수록 놀랍다. 국민총행복 정책은 GDP 곧 성장에 초점을 맞춰왔던 국가 발전 패러다임을 모든 국민의 행복을 증진하는 것으로 전환했다는 의미다.

여기서 '총'은 첫째, 국민이 행복하기 위해서는 소득뿐 아니라 건강, 교육, 환경, 문화, 여가, 공동체와 민주주의 등 '다양한 요소가 고르게 발전'해야 한다는 것을 의미한다. 둘째, '모두의 행복happiness for all'을 뜻한다. 행복은 개인적인 것 같지만 그렇지 않다. 행복은 사회 속의 삶 밖에 있을 수 없다. 인간은 사회적 동물이며 관계 속에서 행복하기 때문이다. 혼자 살 수도 있지만, 행복하려면 두 사람 이상이 함께 있어야 한다. 그 기본단위가 가족이다. 행복은 그 본성상 시민적이며 '공공행복'일 수밖에 없다는 것이다. 셋째, 국민 전체의 행복 총량 상승을 지향한다. 부탄은 국민행복 총량을 제고하기 위해 '아직 행복하지 않은 사람들'에게 정책의 초점을 맞추고 있다. 자칫 모두의 행복을 강조하다가 보편과 공정, 즉 능력 위주라는 함정에 빠질 위험을 방지하기 위해서다.

3) 행복 총량의 상승을 위하여: 하후상박(下厚上薄)의 원칙

월 500만 원이나 1000만 원의 소득을 올리는 이들과 월 100만 원의 소득을 올리는 이들에게, 모두 공평하게 50만 원씩 지원한다고 가정해 보자. 행복 총량은 어떻게 변화하게 될까? 전자의 행복도가 5~10점 올라간다면, 후자의 경우 50점 상승할 수 있다. 이렇듯 아직 행복하지 않은 이들을 지원해야, 국민 전체의 행복 총량이 높아진다.

마하트마 간디Mohandas Gandhi는 "가장 마지막에 놓여 있는 사람이 최우선이다The last, is the first"(안희경, 2020.5.7)라고 설파했다. 정의론을 주창한 미국의 정치철학자 존 롤스John Rawls도 가장 약자에게 가장 많은 분배 이익이 돌아가도록 해야 한다고 했다. 토마 피케티Thomas Piketty도 "전 국민 기본소득 보장 말고 최저소득 수혜자를 넓혀야 한다"(《중앙일보》, 2020.6.1)라고 역설했다.

많은 국민들이 코로나 팬데믹 사태로 고통받고 있지만 그중에서도 특별히 더 어려운 이들이 있다. 정부가 할 일은 이들이 누구인지 찾아내고 그들이 조금 더 나은 생활을 영위하도록 각별히 배려하고 지원하는 일이다. 하후상박 원칙이 진정한 의미의 공정이다.

3 행복은 평등한가?

미국 독립선언서에 명시된 행복추구권의 진실

행복과 관련한 기사를 검색하다가 흥미로운 견해를 접했다. 역사적으로 행복은 노예제도와 같은 비인간적인 제도를 정당화하는 데 사용되었다는 것이다.

앞에서도 말했지만 행복추구권을 최초로 명시한 미국의 「독립선언서」는 생명, 자유, 재산의 권리에 관한 존 로크의 사상을 토머스 제퍼슨이 차용한 것이다. 영국의 식민지였던 아메리카 이주민들에게 영국의 군주제는 인간의 자유와 사유재산권을 저해하는 불행의 주요 원인이었기 때문에 그들은 독립을 선언했다.

1) 미국 독립의 아버지들이 생각한 행복추구권 [2]

「독립선언서」에는 "'모든 인간이' 동등하게 창조되었으며, 창조주에게 생명, 자유, 행복을 추구할 권리와 같은 양도할 수 없는 권리를 수여받았다"라고 명시되어 있다. 그 유명한 천부인권론을 표방한 것이다. 여기서 눈여겨 볼 것은, 제퍼슨은 존 로크의 생명과 자유는 그대로 차용하면서도, 재산(권)은 행복추구권으로 대체했다는 점이다. 행복도 행복추구권이라 표현하여 차별적 의미를 부여했다. 분명한 것은 당시 미국인에게는 재산이 행복 추구와 관련된 중요한 가치였으므로, 이런 표현도 별 무리 없이 받아들여졌다고 본다.

그런데 「독립선언서」에서 얘기하는 '모든 인간'의 범주에 들어가지 않는 사람들이 있었다. 바로 흑인 노예African American다. 이는 오히려 노예제도를 지지하고 정당화하는 데 행복이 이용되었다는 주장의 배경이 된다. 노예는 사유재산 중 하나였고, '노예 소유자의 행복'은 결국 노예제도에 달려 있었다. 언급한 대로 당시 행복추구권이란 원래의 재산추구권과 유사한 개념으로 사용되고 있었다.

그래서 제퍼슨이 작성한 「독립선언서」 초고에는 "신성한 권리인 생명과 자유를 위협당한 채 노예로 끌려온 사람들"이라는 문구가 들어 있었지만, 이 구절은 최종 선언서에서 삭제되고 만다.

---

2   이 글은 Aeon(2020)과 이영효(2017: 75~114)를 참조해 작성했다.

당시 독립선언에 주도적으로 참여한 서명자들의 생각은 "행복을 추구할 권리는 백인에게만 있다"라는 것이었다. 노예제도와 행복 추구에 대한 모순이 비판받자, 인종차별주의자들은 "노예는 행복을 감당할 능력이 없다"라고 주장하기까지 이른다. 검은 피부의 흑인은 피할 수 없는 불행의 생물학적 원인이 되고 만 것이다.

심지어 여성조차 그랬다. 미국에서 여성들의 투표권 획득은 흑인들보다 훨씬 늦었다. 미국에서 흑인이 투표권을 갖은 때는 1870년이었으나, 여성이 투표권을 가진 것은 이보다 반백 년이나 늦은 1920년이었다. 당시 미국은 극단적으로 말해 여성조차 행복을 추구할 권리를 갖는 '모든 인간'의 범주 밖에 놓여 있었던 것이다.

2) 평등한 행복을 위하여

이렇듯 행복은 정치시스템의 산물로서 모든 인간에게 제공되는 권리였지만, '행복'을 누릴 수 있는 '인간'의 범주는 제한돼 왔다. 현재 미국은 어떠한가? 트럼프 대통령 시기에 백인과 비백인 사이의 행복도 격차가 더 벌어졌다고 하니, 현재도 진행형인 셈이다. 한국은 어떠한가? 형식적으로는 행복추구권이 한국 '헌법' 10조에 명시돼 있으나, 그 행복을 평등하게 누리지 못하는 이들이 얼마나 많은가?

4 울분사회 한국에 필요한 처방, 관용

"답답하고 분함. 또는 그런 마음." 울분鬱憤의 사전적 의미다. 비슷한 의미로 쓰이는 울화鬱火는 "마음속이 답답하여 일어나는 화"를 뜻한다(국립국어원 표준대국어사전).

치미는 울화를 제대로 발산하거나 치유하지 못해 생기는 병이 울화병인데, 보통 화병으로 불린다. 미국 정신의학계에 'hwa-byung'이라고 공식 보고돼 있는 한국인의 독특한 정신질환이다. 서양에서는 주로 우울과 불안이 정신건강의 주요 소재이지만, 한국에서는 울화와 울분이 그 자리를 대신한다.

1) 한국은 거대한 정신병동?

전상인 서울대학교 교수는 이미 2008년에 "우리나라가 헝그리hungry 사회에서 앵그리angry 사회로 변모하고 있다"(≪동아일보≫, 2011.12.23)라고 진단했다. 심리학자 김태형은 한국인은 모두 마음의 병을 앓고 있으며, 집단 트라우마 증상이 있다고 했다(김태형, 2013). 한신대학교 윤평중 교수는 2015년 "우리 사회는 울화의 혈기血氣가 가득한 '울혈鬱血 사회'"(≪조선일보≫, 2015.1.30)라고 주장했다. 화병이 개인 차원을 넘어 광범위한 사회적 현상으로 확산돼 나타나고 있다고 진단한 것이다.

2019년 유명순 서울대학교 보건대학원 교수의 '한국의 울분' 조사 결과가 소개됐는데, 그 내용이 충격적이다. 유 교수가 이끄는 울분융합연구 팀이 스위스 베른대학교 연구진이 개발한 자기 측정 도구를 적용해 조사·분석한 결과, 한국인 10명 가운데 4명이 일상생활에서 오래된 울분(외상후 울분장애, PTED)을 겪는 것으로 밝혀졌다. 특히 '극심한 울분'이 전체의 10% 이상으로, 독일과 영국, 네덜란드의 4배가 넘는 수치를 보였다. '극심한 울분'에 '지속적인 울분'을 더해 산출하는 '만성적인 울분'은 전체의 43.5%에 달했다(유명순, 2020.1.7).

이는 '누가 툭 건드리거나' 분노 유발자가 나타나면 폭발할 준비가 되어 있는 사람들, 분노조절장애 환자들이 매우 많다는 것이며, 언제 '조커' 같은 이가 나올지 모른다는 말이기도 하다.

유 교수의 연구 결과는 한국인 절반 정도가 만성 울분 상태에 있다는 것으로, 전상인·김태형·윤평중의 울분사회라는 주장이 막연한 견해가 아니라 '실제'라는 사실을 확인해 준다. 이 정도면 한국 사회가 거대한 정신병동이라 해도 과언이 아니다.

2) 울분사회의 원인: 불공정과 불평등

울분을 불러일으키는 가장 큰 이유는 불공정과 불평등이다. 사회는 공정하거나 공정해야 한다고 생각하는데, 이런 신념을 무너뜨리는 어떤 사건이 발생하면 울분은 촉발된다. 리처드 윌킨슨Richard Wilkinson 영국 노팅엄대학교 명예교수는 다음과 같이 얘기한다.

불평등은, 단순히 물질적 격차를 넘어 우울감,·열등감 등 사회심리적 측면에서 사회적 상호 관계에 큰 영향을 미친다. 불평등이 심화하면 타인과의 관계에서 상호 신뢰가 하락하고 사회적 응집력과 소속감을 떨어뜨리며, 이로 인한 좌절과 박탈감, 증오와 수치심 등 민감한 느낌을 불러일으킨다(《한겨레신문》, 2018.10.30 재인용).

특히 분노할 대상이 생기면 그 화가 삽시간에 급속도로 확산되는 우리 특유의 집단주의 문화도 한몫하고 있는데, 온라인과 소셜미디어SNS가 이러한 분노의 결집과 폭발을 부추기고 있다.

3) 이념 갈등과 젠더 갈등 심화

《뉴스1》이 빅데이터 분석업체 타파크로스에 의뢰해 언론 기사와 소셜미디어에 나타난 사회 갈등의 크기와 변화 양상을 지수로 도출해 낸 자료에 따르면(《뉴스1》, 2020.7.16), 최근 2년 사이 가장 갈등이 컸던 분야는 이념 갈등으로 전체의 55%를 차지했다. 그다음으로는 젠더 갈등의 비율이 24%로 높았으며, 세대 갈등은 11%로 그 뒤를 이었다.

신조어 100개를 분석한 결과에서는 젠더 갈등의 비율이 가장 높았다. 조사 결과에 따르면 갈등을 나타내는 단어 중 젠더 갈등 관련 단어가 2018년 46%, 2019년 41%, 2020년 44% 등으로 나타났다. 그다음으로 이념 갈등 관련 단어의 등장 빈도가 각각 36%, 40%, 34% 정도로 높게 나타났다.

특히 젠더 갈등의 경우 다른 갈등 유형보다 원색적이고 노골적인 비난과 조롱을 담은 신조어들이 끊임없이 생성·소멸하면서 젠더 간 갈등의 골을 심화하는 것으로 드러났다.

이미 살펴보았듯, 입소스의 'BBC 글로벌 설문조사: 분열된 세계?'의 결과에 따르면 한국인들은 가장 신뢰할 수 없는 집단으로 '다른 정치적 견해를 가진 사람들'을 꼽았다. 이는 한국 사회가 매우 심각한 분열 상황에 처해 있음을 말해준다.

4) 증오와 혐오만 난무하는 한국 사회

정당한 분노는 사회발전의 원동력이 되기도 하지만, 지금 우리 사회의 집단적 분노는 크게 우려되는 상황이다. 이념 갈등, 빈부 갈등, 정규직·비정규직 갈등, 세대 갈등, 젠더 갈등 등 여러 사회 갈등으로 비화하고 있기 때문이다.

사회적 합의가 매우 어렵고, 자기주장만이 앞선다. 나와 다른 견해를 수용하기 어렵다. 중립과 중용은 회색으로 낙인찍힌다. 언제부터인가 자신과 생각이 조금만 달라도 배제하고 적으로 취급하는 풍토가 광범위하게 확산되었다.

선거 시기에는 이런 현상이 더 심해지는데, 이제는 선거 시기나 정치적 입장을 떠나 사회 전반에 걸쳐 사회적 갈등이 확산되는 추세다. 문제는 이 갈등들이 시간이 지날수록 해소되거나 완화되기보다는 더 확대되고 격렬해진다는 데 있다.

특히 최근에는 앞서 살펴보았듯이 젠더 갈등이 세대 갈등과 결합하면서 폭발적으로 증가하는 추세다. 2016년 강남역 살인사건에서 시작된 여성들의 분노, 2018년 이수역 폭행 사건으로 촉발된 젠더 갈등, 2020년 초 발생한 트랜스젠더 하사의 강제 전역 사건, 모 여대에 합격한 트랜스젠더의 등록 포기 사태 등 매년 큰 사회문제로 비화되고 있다.

문제는 이러한 갈등이 갈등으로만 끝나는 것이 아니라, 진영 논리와 확증편향과 결합되면서 대화와 타협은 사라지고 증오와 혐오만 난무한다는 점이다.

이 모든 것이 관용과 사회적 신뢰, 공동체성의 상실 때문이다. 김태형은 그 배경으로 돈 중심의 세계관이 가져온 계층 간 갈등과, 죽음에 대한 공포를 기반으로 한 한국 사회 최대 장애물로 분단 트라우마를 든다. 나는 이에 덧붙여 IMF 구제금융 사태 이후 만연한 적자생존과 각자도생 문화가 만들어낸 비극이라 얘기한다. 그 하부구조에 불평등이라는 괴물이 깊게 뿌리내리고 있다. 부패와 불공정의 뿌리도 깊다. 이렇다 보니 우리나라 국민이 행복할 리 만무하다.

5) 신뢰 회복의 첫걸음: 관용과 통합의 시대정신

성숙한 사회, 선진 사회는 자신과 입장이 다른 사람들에게 관용적이다. 정치적·종교적·성적 '입장의 다름'을 존중하고 포용한다. 사회적 신뢰 회복의 첫걸음은 관용이다.

강남순 교수는 2020년 7월 페이스북을 통해 현재 "한국 사회가 지닌 가장 심각한 악vice은 흑백논리적인 이분법적 사유 방식"이라 진단했다. 냉소적 비난과 정죄 대신 "자신과 상이한 입장을 가진 사람들에 대한 성찰적 비판"이 중요하다고 강조했다(강남순, 2020.7.20a, 2020.7.20b). 지금 시기에 우리에게 절실히 필요한 것은 바로 흑백논리적·이분법적 사고방식의 극복이다.

스스로 돌아봐야 한다. 나는 다른 입장을 존중하고 포용할 자세가 되어 있는가? 자신이 믿는 진리가 반쪽짜리일 수도 있다는 사실을 인정할 자세가 되어 있는가? 혹여 확증편향에 빠져 있지는 않은가? 괴물과 싸우다가 자신이 괴물이 되어 있지는 않은가? 묻고 또 물어볼 일이다.

또한 얀테의 법칙을 새기고 또 되새겨야 한다. 행복한 나라 덴마크에서 이 불문율을 깨는 자는 공동체를 파괴하는 적으로 간주되었다.

> 당신이 남들만큼 좋은 사람이라고 생각하지 마라.
>
> 당신이 남들보다 똑똑하다고 생각하지 마라.
>
> 당신이 남들보다 더 낫다고 생각하지 마라.
>
> 당신이 남들보다 더 많이 안다고 생각하지 마라.
>
> 남들을 비웃지 마라.
>
> 남들에게 뭐든 가르칠 수 있을 거라 생각하지 마라.
>
> (얀테의 법칙 중에서)

5 행복하려면 숲과 공원, 물가로 가라!

환경이 행복에 미치는 영향

2020년 3월 공개된 「세계행복보고서 2020」 5장에는 "환경의 질이 우리 행복에 미치는 영향How Environment Quality Affects Our Happiness"이라는 내용이 보고되어 있다(Krekel and Mackerron, 2020.5.20).[3]

---

3   이 글은 OECD 공식 자료와 세계은행 통계 자료, 전 세계 160개국 이상의 국민들을 대상으로 한

이 보고서에는 세계를 대상으로 실시한 갤럽조사 내용이 있는데, 이 조사 결과에 따르면 62%의 응답자가 경제성장보다 환경보호를 우선시한다고 응답했다. 그중 절반만이 자국의 환경 보존 노력에 만족하고 있었다. 특히 응답자의 74%가 지구온난화를 자신과 가족에게 매우 심각한 위협으로 인식하고 있으며, 65%는 기후변화로 삶이 더 어려워질 것이라고 전망했다. 한국인들은 어떤 답변을 했을까 궁금하다.

환경이 사람들의 행복에 미치는 영향은 오랜 연구 주제였다. 주관적 만족도 지수를 포함해 이용 가능한 데이터가 점점 많아지고 있다. 이제 이 데이터를 활용해 사람들의 감정과 삶의 만족도가 주변 환경의 여타 요소에 의해 어떻게 영향을 받는지 알 수 있게 되었다.

1) 자연환경이 행복에 영향을 미치는 3가지 이유

먼저 이 보고서는 자연환경이 행복에 영향을 미치는 이유를 다음과 같은 3가지로 분석한다.

첫째는 바이오필리아biophilia(녹색 갈증)다. 생물학적 진화를 한 인간과 특정 서식지 사이에는 본능적이고 밀접한 관련이 존재한다는 학설을 말한다. 이는 인간의 진화적 기원, 즉 인간은 자연에서 왔기 때문에 자연은 인간들의 행복에 직접적으로 긍정적 영향을 미칠 수밖에 없다는 견해다. 실제로 심리학에서는 사람이 녹색 자연을 접하면 스트레스 감

갤럽조사 결과, 또한 스마트폰 애플리케이션을 활용한 런던 시민 1만 3000명의 응답 사례를 바탕으로 작성되었다.

소, 긍정적 감정의 상승, 인지력 회복, 자기 조절에 긍정적인 영향을 미쳐 정신건강이 개선된다고 말한다.

녹색(자연)에 대한 단기 노출조차도 살루토제닉salutogenic(사람의 행복과 건강을 유발할 수 있는) 효과를 보기에 충분하다. 로저 울리히Roger Ulrich 박사는 1972년부터 1981년 기간에 펜실베이니아 병원에서 수술 환자의 회복 과정을 연구했다. 일부 환자에게는 자연환경을 볼 수 있는 방을 배정했고, 다른 환자들에게는 벽돌벽만 볼 수 있는 방을 배정했다. 자연환경을 접한 환자들은 수술 후 입원 기간이 짧았고, 간호사의 메모에 부정적인 의견이 낮았으며, 약물 치료 횟수도 적었다고 보고되었다. 1991년 실시한 후속 실험에서 울리히 박사는 120명의 피실험자들에게 스트레스가 심한 영화를 보여준 다음 피실험군을 나눠 각각 자연환경과 도시환경이 담긴 비디오를 보게 했다. 그리고 나서 정서적·생리학적 상태를 측정했다. 그 결과 울리히 박사는 도시보다 자연을 본 피실험자들이 더 빠르게 스트레스에서 회복된다는 것을 발견했다.

둘째, 녹색과 자연환경은 정신적·육체적 건강을 향상시켜 행복을 증진한다. 이런 환경은 신체 운동이나 사회적 상호작용과 같은 특정 행동을 장려함으로써 긍정적인 영향을 미칠 수 있다는 것이다. 녹색 자연환경의 건강상 이점은 의학서적에 이미 잘 정리되어 있다.

셋째, 녹색 자연환경은 호흡기와 심혈관질환, 스트레스를 유발하는 대기 또는 소음공해와 같은 요인이 없어, 환경의 질을 높여 사람들을 행복하게 한다. 이것은 굳이 설명이 필요 없겠다 싶다. 더 구체적으로 살펴보자.

2) 환경이 삶의 만족도에 미치는 영향

미세먼지(PM 10)와 초미세먼지(PM 2.5)는 전반적인 삶의 만족도에 부정적인 영향을 미친다. 이는 두말할 필요도 없다.

기후는 어떨까? 런던 시민을 상대로 한 조사 결과 실외 날씨 조건이 실질적이고 직관적으로 영향을 미치는 것으로 나타났다. 특히 쨍쨍한 햇빛은 행복 점수에 약 2%p를 더하며, 25°C 이상의 온도는 약 3%p를 더한다고 보고되었다. 반대로 비와 강풍(약 28km/h 이상)은 행복 점수를 거의 1%p 감소시키는 것으로 조사되었다.

또한 야외와 자연에서 이루어지는 활동이 행복에 가장 큰 영향을 미치는 것으로 나타났다. 걷거나 하이킹을 하면 행복이 2%p 증가하고, 원예, 자연관찰, 스포츠 활동을 하면 4~7%p 증가한다고 한다.

런던 시민을 상대로 조사한 결과, 밀집된 도시지역에 비해 야외나 자연지역에서 매우 높은 행복만족도가 보고되었다. 특히 해양과 해안, 강이나 호수 주변 지역에 가까워지면 더 행복하다고 조사된 것이다.

실제로 영국 환경청은 46편의 관련 논문을 근거로 바닷가에 가면 행복지수가 높아진다고 발표하기도 했다. "사람들은 도시공원이나 녹지공간에 비해 바닷가와 그 주변 지역에서 시간을 보낼 때 더 회복되는 느낌을 받는다"(Beament, 2020.7.20)는 것이다.

결론적으로 사람들은 야외에서, 그중에서도 숲과 수면 근처에서 따뜻하고 맑은 날 시간을 보내면 행복 수준이 더 높아진다는 것을 알 수 있다. 녹색 공간 근처에 사는 주민들의 삶의 만족도는 높다. 이동성이 적은 노인들에게는 특히 더 그렇다. 코로나바이러스 때문에 역설적으로 파란 하늘과 따스한 햇살을 맞이할 수 있는 날이 많아졌다. 팬데믹 상황인 지금 사람들과는 불가피하게 물리적 거리를 두되, 자연과는 가까이하면 좋겠다.

행복을 위해 가까운 공원에라도 산책 나가시길 권한다.

6 도시와 농촌, 어디에서 사는 것이 행복할까?

페이스북 친구들에게 이런 질문을 던져보았다.

친구가 많은 도시에서 사는 것이 행복할까, 친구는 없지만 농촌 같은 자연환경이 좋은 곳에서 사는 것이 행복할까?

이 질문에 많은 페이스북 친구들이 응답해 주었는데, 대다수가 후자를 선택했다. 대부분 자연을 사랑하거나 나처럼 은퇴를 앞둔 연령대여서 그런 선택을 했다고 생각한다.

1) 자연은 우리를 행복하게 한다

실제로 세계에서 가장 행복하다는 핀란드인이 '사회적 거리 두기'를 엄격히 실천하면서도 그다지 스트레스를 받지 않는 이유 중 하나가 "숲이 많아서"란다. 핀란드는 국토의 75%가 숲이고, 호수는 약 18만 개나 된다. 부탄도 마찬가지다. 국토의 70% 이상이 숲이다.

자연을 가까이하면 행복하다는 것은 이제 과학이다. 앞서 살펴보았듯이 「세계행복보고서 2020」에서는 녹색 자연환경을 접하면 사람들이 행복해진다는 심리학적 연구 결과를 보고했다.

첫째, 바이오필리아, 즉 인간은 자연에서 진화해 왔기 때문에 인간들의 행복에 자연이 직접적이고도 긍정적인 영향을 미칠 수밖에 없다는 주장이다. 사람들이 강가나 호숫가, 갯가 등 물가를 좋아하는 이유도 태아 시절 엄마 뱃속의 양수에서 놀던 기억 때문이 아닌가 한다. 둘째, 녹색 자연환경은 정신적·육체적 건강을 향상시켜 행복을 증진하며, 셋째, 녹색환경은 여러 질환을 유발하는 대기오염이나 소음공해 같은 요인이 없어 사람들을 행복하게 한다.

이런 이유로 사람들은 자연과 가까이 있으면 행복하다. 자연환경이 어우른 곳에 집이 있으면 좋겠지만, 그게 힘들다면 녹색이 살아 있는 인공적인 공원이나 정원이라도 가까이하는 것이 좋다는 말이다.

생각난 김에 한마디 덧붙이면, 최악의 대기질에 초경쟁으로 시달리는 서울 사람들이 그나마 이 정도의 행복도를 유지하며 살아갈 수 있는 것은 대중교통으로 쉽게 접근할 수 있는 북한산국립공원 등 산과, 녹지로 둘러싸인 고궁, 한강이 있기 때문이라고 생각한다. 서울 시민들이 이를 자각하든 그렇지 못하든 간에 말이다.

한편 "도시와 농촌, 어디에서 사는 것이 행복할까?"라는 질문에 도시를 선택한 이들도 있었다. 이 외에 "친구와 함께 자연에서"라는 최적의 희망 사항을 선택한 이들도 있었지만, 이는 둘 중 하나를 선택한다는 질문의 전제를 벗어나는 것이므로 일단 논외로 친다.

2) 나 홀로 전원생활은 과연 행복할까?

나 자신은 어떠한 선택을 할까 자문해 보았다. 쉽게 선택할 수 있는 문제가 아니었다. 다음과 같이 질문을 이어보니 더 그랬다.

친구도 없는 것은 물론이고, 남편이나 아내 또는 다른 가족도 없이 혼자 자연과 함께 살면 행복할까? 〈나는 자연인이다〉라는 TV 프로그램 주인공처럼 말이다. 나도 가끔 이 프로그램을 보는데, 거기 나오는 주인공들이 그다지 행복해 보이지 않는다. 대부분 사회에서 도피해 자연에 귀의한 이들이라는 느낌이 든다. 물론 자연이라는 어머니 품 안에서 마음의 상처를 치유하고 다시금 삶의 의미를 찾은 이들도 볼 수 있었다. 그래서 나는 앞의 질문에 선뜻 자연이 좋다고 답할 자신이 없다. 깊은 산속 암자에 칩거해 도를 닦는 스님이 될 요량이 아니라면 말이다.

프로그램을 만들기만 하면 시청률 대박을 터뜨리는, 국민 예능 제조기 나영석 PD가 유일하게 실패의 쓴맛을 본 프로그램이 있다. 바로 2018년에 방영된 〈숲속의 작은집〉이다. 최종회 시청률 1.1%로 방송을 마쳤단다. 인기 스타 소지섭, 박신혜를 출연시키고도 시청률이 이렇게 저조했던 이유가 뭘까? 자연 속에서 생활하는 프로그램이기는 하지만, '혼자 생활' 하기 때문이라고 생각한다.

반대로 〈삼시세끼〉는 어떤가? 2014년 프로그램을 시작한 이후 이 글을 쓰는 2020년까지 매년 장소와 출연진을 바꾸며 시즌 5까지 방영해도 순항했다. 이 프로그램이 성공할 수 있었던 이유는 '세 사람이 함께' 생활하는 프로그램이기 때문이다. 만일 〈삼시세끼〉에 차승원이나 유해진이 단독으로 출연했어도 이렇게 인기를 끌 수 있었을까?

이런 점에서 나이가 들면 농촌과 자연으로 가라는 얘기도 쉽게 던질 수 있는 얘기는 아닌 듯하다.

3) 도시와 농촌, 삶의 만족도를 비교하면 어떠한가?

「세계행복보고서 2020」에도 나와 있듯이, 삶의 만족도는 일반적으로 농촌보다 도시가 높게 나온다. 우리나라의 조사 결과도 크게 다르지 않다. 한국보건사회연구원이 조사한 '2019년 한국인의 행복과 삶의 질 실태조사' 결과에 따르면, 우리나라 수도권 거주자의 삶의 만족도가 비수도권 거주자에 비해 높은 것으로 드러났기 때문이다.[4]

도시는 고용(소득) 기회와 다양한 편의시설, 공공서비스를 제공하는 데 반해, 농촌지역은 병원 같은 의료시설이 멀리 있거나 육체적으로 고된 작업을 해도 소득이 낮아 이용할 수 없음을 보고서는 보여준다. 심지어 농촌의 삶은 "공동체성이 강할 것 같지만, 도시에 비해 도움이 필요할 때 의지할 수 있는 친구나 친척이 없다"라고 답한 사람도 많았다.

그러나 도시는 농촌에 비해 장점만 있는 것이 아니다. 소득이나 교육수준이 낮으면 사회적 비용이 증가하고, 불평등과 오염, 교통체증, 범죄, 질병 등에 노출되기 쉽다. 즉 같은 도시에 살더라도 고소득자와 저소득자의 주관적 웰빙 격차는 클 수밖에 없다는 것이다. 일터가 멀수록 가족과 함께하는 시간이나 자기 계발 시간이 줄어들기 때문에 필연

---

4   조사 결과 시·군·구로 구분하면 구＞시＞군 순서였다. 군 거주자는 특히 '미래 안정성'과 '경제적 생활수준'의 만족도가 낮은 것으로 나타났다(정해식 외, 2019: 82~85).

적으로 행복도가 저하된다. 즉 도시에 사는 사람 모두 농촌에 비해 행복한 것은 아니라는 말이다.

그런데도 일반적으로 도시가 농촌보다 행복하다는 얘기는, 세계 국가의 70%를 차지하는 후진국과 개발도상국들이 일반적으로 그러하다는 것을 뜻한다. 안타깝게도 선진국에 진입했다는 한국도 예외는 아니다. 반면 북유럽 국가와 서유럽의 대다수 지역, 북미와 오세아니아 지역에서는 도시와 농촌의 삶의 만족도 차이가 거의 없거나 농촌지역이 좀 더 높다. 북유럽 및 서유럽 국가는 오히려 농촌지역의 긍정적 감정 경험 비율이 더 높다. 이 지역들은 웰빙 평균치, 즉 행복 평등이 높은 곳이다.

한국은 도시와 농촌 간 격차가 여전히 크다. 소득과 교육이 그 격차를 결정하는 주요한 2가지 요인이며, 다양한 편의시설과 공공서비스 수준 차이도 영향을 끼친다.

행복이라는 측면에서 보면 친구가 있는 도시에서의 삶이 더 행복할 수 있겠다는 생각이 든다. 앞서 말한 요인도 있겠지만, 무엇보다 가장 큰 이유는 친구와 가족이 없는 행복이란 상상하기 어렵기 때문이다. 외로움이야말로 행복의 가장 큰 적이라 생각한다. 우리나라에서 반려동물 시장이 폭발적으로 성장하고 있다는 사실은, 그만큼 외로움을 느끼는 이들이 많아지고 있다는 것을 의미한다.

코로나19 사태가 대도시 중심으로 발생·확산됐다는 점에서, 행복을 찾아 농촌이나 자연 지역을 찾는 이들이 많아질 것으로 예측한다. 그렇지만 친구와 가족이 함께하지 못한다면 이는 스스로 유배 생활을 선택하는 것이나 다름없다.

가족과 친구가 없다면, 아무리 좋은 자연환경 속에 살더라도 행복할 수 없을 것이다. 애당초 도시에서 사는 것이 행복한가, 아니면 농촌에서 사는 것이 행복한가라는 질문 자체가 잘못되었다. 어디에 있든, 어디에 살든 사랑하는 가족과 의지할 친구가 있다면 행복하다.

숲속에서 혼자 걸을 때도 행복하지만, 가족이나 친구들과 함께 걸을 때 행복도는 더 상승한다. 농촌이나 자연지역에 가고 싶다면, 함께 생활할 이들과의 관계를 잘 유지해야 한다.

그리고 무엇보다 제1 전제는 건강해야 한다는 것이다!

7 예수와 붓다, 그리고 8이라는 숫자

고등종교가 가르쳐주는 행복에 이르는 8가지 길

1) 랑리 탕빠의 8가지 서원

이런저런 자료를 찾다가, 11세기 티베트의 성자 랑리 탕빠Langri Tangpa(1054~1123)의 '8가지 서원Eight Verses of Training the Mind'을 처음 접했다 ("Eight Verses of Training the Mind"). 달라이 라마가 매일 암송한다는 기도문이라는데, 그 내용이 매우 감동적이다.[5]

---

5   국내에는 마음을 다스리는 8가지 게송이라는 의미에서 '수심팔송(修心八頌)', 또는 8가지 가르침이라는 뜻에서 '수심팔훈(修心八訓)'으로 알려져 있다.

❶ 이 세상 모든 사람들이 최상의 행복을 얻기 바라오니, 항상 그들을 이 세상의 어떤 값진 보물보다 더 소중하게 여기게 하소서.

❷ 사람과 함께할 때마다 언제나 내 자신을 가장 낮은 존재로 여기고, 내 마음 깊은 곳에서 상대방을 최고로 소중히 여기게 하소서.

❸ 내 모든 행동을 스스로 지켜보게 하시고, 내 마음속에서 파괴적인 감정이 일어나는 순간(그 마음이 나 자신과 타인을 해칠 수도 있다는 사실을 깨달아) 담대하게 맞서 그 마음이 없어지게 하여주소서.

❹ 나쁜 성격을 갖고 있거나 무거운 악행과 고통에 억눌린 사람들을 볼 때면, 마치 귀중한 보물을 찾은 것처럼 그들을 소중히 여기게 하소서.

❺ 누군가 시기와 질투로 나를 욕하고 경멸할 때마다, 순수한 마음으로 패배하게 하시고 승리는 그들에게 돌려주소서.

❻ 내가 도움을 주었거나 큰 희망을 두었던 사람이 나에게 큰 마음의 상처를 줄 때, 그를 진정한 영적 스승으로 여기게 하소서.

❼ 내가 직접 또는 간접적으로 모든 어머니들에게 도움과 행복을 줄 수 있게 하시고, 남들이 모르게 그들의 상처와 고통을 대신하게 하소서.

❽ 이 모든 서원을 지키게 하시고, 8가지 세속적 관심으로 인해 오염되지 않게 하소서. 모든 것이 환상이며 헛된 것임을 깨달아 집착을 떨쳐버리고 모든 속박에서 자유롭게 하소서.

❽의 행복을 방해하는 '세속의 8가지 관심'은 다음을 얘기한다.

❶ 돈이나 물질적 소유로 인한 기쁨
❷ 소유물을 잃어버리거나 얻지 못할 때 생기는 실망과 분노

❸ 사람들이 우리를 칭찬하고 인정하며 멋지다고 말할 때 느끼는 기쁜 감정

❹ 사람들이 우리에게 진실을 말하고 있더라도, 비판하고 비난할 때 느끼는 분노와 낙담

❺ 좋은 평판과 좋은 이미지를 갖게 되었을 때 느끼는 기쁜 감정

❻ 평판이 좋지 않을 때 느끼는 좌절감과 분노

❼ 환상적인 광경, 소리, 냄새, 미각, 촉감으로 느끼는 감각적 즐거움을 경험하며 느끼는 기쁜 감정

❽ 불쾌한 감정이었을 때 느끼는 분노와 좌절감(Foreman, 2015.12.19)

이 8가지만 조심하면 행복할 수 있다는 것인데, 어떤 일이 일어나도 기쁨과 분노를 잘 다스려야 한다는 가르침이다. 행복의 주적으로 물질주의를 설정한다는 점이 주목된다.

이 서원을 접하며 문득 2가지 생각이 떠올랐다. 먼저 이 8가지 서원과 비슷한 구절을 어디선가 본 듯했다. 기억을 더듬어보니, 『신약성서』에 있었다.

대한성서공회가 발간한 『공동번역성서』「로마서」 12장에 다음과 같은 내용이 실려 있다.

❶ 여러분을 박해하는 사람들을 축복하십시오. 저주하지 말고 복을 빌어주십시오(14절).

❷ 기뻐하는 사람이 있으면 함께 기뻐해 주고 우는 사람이 있으면 함께 울어주십시오(15절).

❸ 서로 한마음이 되십시오. 오만한 생각을 버리고 천한 사람들과 사귀십시오.

그리고 잘난 체하지 마십시오(16절).

❹ 아무에게도 악을 악으로 갚지 말고 모든 사람이 다 좋게 여기는 일을 하도록 하십시오(17절).

❺ 여러분의 힘으로 되는 일이라면 모든 사람과 평화롭게 지내십시오(18절).

❻ 친애하는 여러분, 여러분 자신이 복수할 생각을 하지 말고 하느님의 진노에 맡기십시오. 성서에도 "원수 갚는 것은 내가 할 일이니 내가 갚아주겠다" 하신 주님의 말씀이 있습니다(19절).

❼ 그러니 "원수가 배고파하면 먹을 것을 주고 목말라하면 마실 것을 주십시오. 그렇게 하면 그의 머리에 숯불을 쌓아놓는 셈이 될 것입니다"(20절).

❽ 악에게 굴복하지 말고 선으로써 악을 이겨내십시오(21절).

이 또한 랑리 탕빠의 서원처럼 여덟 조항이다. 이 구절을 다시 읽으며 먼저 생각난 것이 얀테의 법칙이었다. ❸의 "잘난 체하지 말라"라는 가르침이 그것이다. 배려와 겸손의 미덕을 상징하는 북유럽 문화의 정수로서 루터교회에서 비롯되었다고 추정했는데, 그 뿌리를 『성서』에서 찾은 것이다.

바울이 로마인들에게 보낸 편지가 랑리 탕빠의 기도와 어찌나 흡사한지, 매우 흥미로웠다. 사랑과 자비 등 고등종교의 가르침이 비슷한 점이 많다지만, 이렇게 수와 내용에서 구구절절 유사할 수 있나?

두 번째로 떠오른 생각은 '동서양에서 8^이라는 숫자가 어떤 의미일까?'였다. 중국인들이 8이라는 숫자를 제일 좋아한다지만 이는 돈을 번다거나 불어난다는 의미의 '발發'(중국어 발음으로 fa)과 발음이 비슷해서라고 하니, 그런 뜻에서 비롯된 것은 아니라고 생각한다.

내가 가장 좋아하는 『성서』 구절은 예수님의 산상수훈 중 이른바 '팔복八福'이다. 여러 『성서』 버전이 있으나, 나는 "마음이 가난한 자는 복이 있나니 ~"보다 "행복하여라, 마음이 가난한 사람들! ~"로 시작되는 가톨릭 『성서』 문구를 좋아한다. 행복 공부하면서 더욱 좋아졌다. 여기에는 '참행복'이라는 소제목이 붙어 있다.

2) 참행복: 예수의 산상수훈 8복

❶ 행복하여라, 마음이 가난한 사람들! 하늘 나라가 그들의 것이다.

❷ 행복하여라, 슬퍼하는 사람들! 그들은 위로를 받을 것이다.

❸ 행복하여라, 온유한 사람들! 그들은 땅을 차지할 것이다.

❹ 행복하여라, 의로움에 주리고 목마른 사람들! 그들은 흡족해질 것이다.

❺ 행복하여라, 자비로운 사람들! 그들은 자비를 입을 것이다.

❻ 행복하여라, 마음이 깨끗한 사람들! 그들은 하느님을 볼 것이다.

❼ 행복하여라, 평화를 이루는 사람들! 그들은 하느님의 자녀라 불릴 것이다.

❽ 행복하여라, 의로움 때문에 박해를 받는 사람들! 하늘 나라가 그들의 것이다

　　(「마태오복음」, 5 : 3~10).

8가지 참행복의 비법을 예수께서 직접 가르쳐주고 있는 것이다.

한편 8이라는 숫자는 불교에서 더 의미 있게 쓴다. 불법을 수호하는 여덟 수호신을 일컫는 팔부신장八部神將과 팔정도八正道가 대표적이다.

붓다께서는 팔정도, 즉 열반에 이르는 '8가지 바른길'을 다음과 같이 가르쳤다.

❶ 정견(正見: 바른 견해)

❷ 정사(유)[正思(惟): 바른 사유(생각)]

❸ 정어[正語: 바른 얘기(말)]

❹ 정업[正業: 바른 행동(행위)]

❺ 정명(正命: 바른 생활)

❻ 정정진[正精進: 바른 노력(정진)]

❼ 정념[正念: 바른 마음(마음 챙김, MBSR)]

❽ 정정[正定: 바른 통찰(모두 종합)]

흥미롭게도 예수도 붓다도 모두 8가지 가르침을 주고 있다. 일찍이 영성운동가 류기종 목사는 팔정도와 팔복을 다음과 같이 비교했다.

예수 그리스도의 팔복의 말씀은 어떤 의미에서는 신구약 성경 전체의 요약으로 보여지며 동시에 예수의 복음(가르침)의 집약으로 느껴진다. 왜냐하면 이 팔복의 말씀 속에 우리 인간과 하나님과의 관계, 사람과 사람과의 관계, 인간과 자연과의 관계에 관련된 모든 원리가 다 함축되어 있음과 동시에, 우리 인간 즉 개인과 가정과 공동체 나가가서는 전 인류 공동체의 궁극적인 평화실현 곧 천국화에 이르는 방법들이 다 함축되어 있기 때문이다. 그런 점에서 예수의 팔복은 붓다(불교)의 팔정도에 대비되는 가장 중요한 영성원리basic principles of spiritual formation 라고 말할 수 있다(류기종, 2011.2.20~3.13).

그는 이러한 관점에서 팔정도와 팔복을 다음과 같이 대비시켰다.

❶ 정견과 겸허(마음이 가난한 자)

❷ 정사와 영적 애통(슬퍼하는 자)

❸ 정언과 온유

❹ 정업과 의사모(義思慕)

❺ 정명과 자비

❻ 정정진과 청정심(淸淨心)

❼ 정념과 평화

❽ 정정과 의(義)를 위한 고난

(류기종, 2011.2.20~3.13)

조금 무리한 대비라는 생각도 들지만, 놀랍게도 일부 내용은 유사한 가르침으로 해석될 만하다. 이렇게 행복에 이르는 길은 동서양과 종교의 다름을 막론하고 비슷하다.

이 글은 행복한 나라의 여덟 번째 공통점을 찾다가 8이라는 숫자에 꽂혀 쓴 것이다.

또 한 가지 주목되는 점은 행복한 나라로 불리는 부탄과 코스타리카, 덴마크 등 북유럽 국가 모두 국교國敎가 있다는 점이다. 부탄은 티베트 불교, 코스타리카는 가톨릭, 북유럽 국가는 루터교회다.

종교는 달라도 2가지 가르침은 동일한 것 같다. 이타심의 긍정성과 물질주의의 부정성이 그것이다. 이 2가지가 사람들의 행복을 결정하는 중요한 요인이라는 말이다. 사람들의 행복은 개인의 가치관에 달려 있지만, 그 주변 사람들의 가치관과도 밀접히 관련된다(레이어드 외, 2017: 45). 행복은 그 본성이 시민적이며, 공공행복이라는 것을 기억하자(자마니·브루니, 2015: 103~109).

행복한 나라의 사람들은 "남에게 대접을 받고자 하는 대로 너희도 남을 대접하라"(대한성서공회, 「마태복음」, 7 : 12)라는 예수님의 산상수훈을 보편적 가치로 받아들인다, 랑리 탕빠의 8가지 서원이나 부처님의 가르침과 마찬가지로.

바로 이 가치가 모든 종교 계율에서 최상위를 차지하는 황금률이다. 이렇게 살기는 쉽지 않지만, 심리학적 측면에서는 남을 돕는 사람들이 일반적으로 더 행복하다는 명확한 데이터가 있다. 남을 돕는다는 것은 사회적 신뢰와 관련이 있고, 협동의 가치와도 관련이 있다. 공동체에서 행복은 바로 이 협동의 가치에 의존한다. 세계의 대다수 종교 또한 이런 원리를 가르친다(헬리웰 외, 2017: 81~82). 그래서 UN 「세계행복보고서」는 행복도를 측정하는 6가지 기준 중 하나로 이타심을 측정하는 '기부' 항목을 둔 것이다.

또한 대부분의 종교는 물질적 부를 과도하게 추구하지 말라고 가르친다. 다른 조건이 동일할 경우 돈을 중시하는 사람들이 덜 행복하다는 결과가 여러 연구를 통해 보고되고 있다. 특히 가난한 나라들 중에서는 종교적인 지역에 사는 사람들이 더 긍정적인 감정을 경험하는 경향이 있다고 「세계행복보고서」는 얘기한다(헬리웰 외, 2017: 82). 그 단적인 사례가 바로 부탄이다.

코스타리카가 중남미 국가 중 독보적으로 행복한 나라가 된 데는 낙천적인 인종적 특성도 있지만, 가톨릭을 국교로 받아들이면서 자연스레 생긴 사회통합적 기능도 일정하게 작용했다고 본다.

북유럽은 잘살지만 검소함이 몸에 배어 있고, 사회적 신뢰가 두텁다. 이 또한 국교인 루터교회의 영향을 부정할 수 없다.

한국은 어떠한가? 한국의 종교는 행복한 나라의 종교처럼 보편적 가치를 잘 가르치며 국민행복에 기여하고 있는가?

한국은 여느 종교를 막론하고 기복화되어 있다. 우리 자식 수능 점수 높게 나오게 해주시고, 좋은 대학과 좋은 직장 들어가게 해주시며, 우리 가족 건강하게 해주시고, 사업 번영하게 해달라는 기도가 대부분이다. 기도하는 장소가 교회, 성당, 사찰로 다르고 기도 대상만 다를 뿐, 나와 우리 가족만 잘되게 해달라는 기도 일색이다. 우리보다 훨씬 못사는 부탄인들이 이웃의 행복을 위해 기도하는 것과 극명히 대비된다.

심지어 어느 종교, 어느 교단이든 자신만이 정통이며 다른 종교와 교단은 이단으로 규정해 정죄하고 배척한다. 과연 신천지만 이단인 것일까? 성소수자에 대한 혐오와 차별에 적극 앞장서기까지 한다. 검소와 겸손 대신 배금주의에 물들어 있고, 저마다 거대한 교회 건축과 사찰 중창에 목매고 있다. 심지어 성직 세습까지 떳떳하게 저지른다. 종교가 우리 국민의 아픔을 치유해 주기는커녕, 오히려 불행하게 하는 데 앞장서고 있는 것이다. 그 최정점은 2020년 팬데믹 상황에서 낱낱이 보여준 일부 개신교단의 부끄러운 모습이다.

편의점보다 많은 교회와 사찰이 있지만, 많은 한국인들은 상처를 치유하지 못하고 저 멀리 산티아고까지 가서, 사서 고생하며 걷는다. 산티아고까지 갈 형편이 못 되는 사람들은 올레길을 걷고 산을 오르고 달린다, 잊어버리기 위해.

나이롱 신자의 짧은 지식이지만, 하느님이 성육신하여 오신 예수님의 유일한 가르침이 "네 이웃을 내 몸과 같이 사랑하라"라는 것은 안다.

그중에서도 강도당한 사마리아인처럼 '가장 행복하지 않은 사람들'을 돌보라는 것이다. 예수님의 가르침을 실천하여 우리 이웃을 행복하게 해주지 못할망정, 정죄하고 배척하며 불행하게 하는 데 앞장서고 있지는 않은지 스스로 되돌아볼 일이다.

8 행복 근육을 키우는 8가지 팁
4가지 하지 말 것과 4가지 할 것

4가지 하지 말 것	4가지 할 것
과거에 집착 마라.	현재에 충실하라.
미래를 걱정 마라.	범사에 감사하라.
비교를 하지 마라.	관계를 촉진하라.
잘난체 하지 마라.	남에게 베풀어라.

모두 함께 행복하려면 정부 차원에서 해야 할 일이 있고, 사회적 차원에서 함께 노력해야 할 일이 있다. 무상의료와 무상교육 등 국민의 기본권과 기회의 평등을 위한 보편적 복지제도의 도입 등이 정부의 역할이라면, 사회적 신뢰와 공동체 의식의 회복 등은 사회적으로 해결해야 할 과제다. 또한 행복하려면 개인 스스로의 노력도 필요하다.

심리학자들은 행복을 결정하는 주요한 요인은 유전적인 것이라고 얘기한다. 소득수준도 그다지 높지 않고 전 세계 살인사건 중 30%가 발생하는 지역, 마약과 인신매매 등 범죄로 인한 치안 상태가 최악인 지역인데도, 중남미 사람들이 높은 긍정적 감정을 가지고 있는 이유는 이 지역 사람들의 낙천적인 성격 때문이다. 또한 외향적 성격의 소유자가 내성적 성격의 사람보다 상대적으로 높은 행복감을 누린다는 사실도 잘 알려져 있다. 나와 같이 내성적인 사람으로서는 매우 절망적인 얘기가 아닐 수 없지만, 그렇다고 쉽게 포기할 일은 아니다. '행복 근육'을 키우면 된다.

왜 외향적 사람들이 더 행복할까? 내성적인 사람들은 과거에 집착하는 경우가 많아, 슬펐거나 아팠던 기억을 쉽게 떨쳐내지 못한다고 한다. 특히 자신에게 상처를 주었던 사람이나 상황들을 잘 잊지 못한다는 것이다. 또한 미래에 대한 걱정을 사서 하는 경우도 많고, 남들과 비교하며 자책하는 경우도 많다고 한다.

그렇다면 이와는 반대로 하는 행복 근육을 키울 수 있을 터, 이제 그 방법을 하나씩 살펴보려 한다. 내가 제시하는 8가지 팁은 그동안 행복 공부와 경험 속에서 획득한 것이다.

1) 4가지 하지 말 것

❶ 과거에 집착 마라

슬픈 기억은 시간이 지나면 쉽게 잊힌다. 연인과 가족 등 사랑했던 사람과 이별하거나 사별했을 당시에는 그 슬픔과 아픔이 결코 끝나지 않고 지속될 것 같지만, 시간이 지나면 금방 사라지고 잊는 것이 사람의 본성이다. 이건 비난받을 일이 아니라 자연스러운 회복탄력성 resilience이다. 이 회복력의 정도, 즉 어느 정도 빠른지 혹은 느린지가 성격을 나누는 기준일 뿐이다. 한편 과거를 회상하며 "그때 내가 왜 그랬을까" 후회하는 경우도 많다. 이미 지나간 일을 자책해 봐야 아무것도 바꿀 수 없는 데도 그렇게 한다. 슬픈 기억이든, 아픈 기억이든, 후회스러운 일이든 집착하지 않는 것이 행복의 지름길이다.

장자莊子는 "고요한 물에 자신을 비추어보라鑑於止水"라고 했다. 그는 집착, 피아의 구분·판단을 버리라는 도추道樞와 이명以明을 말한다. 노예 출신 철학자 에픽테토스Epictetus는 "자기 자신 외에 아무도 당신에게 상처 주는 이는 없다"라고 역설한다. 나에게 상처를 입히는 자는 나를 비난하거나 힘들게 한 자가 아니라 바로 자신이라는 사실을 깨달아야 한다는 것이다. 내가 상처받는 이유는 나에게 상처 주는 이들 때문이 아니라 상처받았다고 생각하는 자신 때문이라는 것이다. 그 생각을 버릴 때 분노도 섭섭함도 가라앉을 수 있다. 랑리 탕빠의 가르침처럼 그들을 영적 스승으로 여길 수 있는 단계에까지 간다면 더할 나위 없다. "일곱 번이 아니라 일흔일곱 번까지라도 용서해야 한다"(「마태오복음」, 18 : 22)라고 말씀하신 예수님 정도나 가능한 어려운 화두가 아닌가.

상처 주었던 상대를 용서하려 애쓰지 마라. 그들은 그들의 일을 한 것일 뿐, 그들이 나에게 상처를 준 것이 아니다. 이렇게 생각하면 용서의 대상 자체가 사라진다. 복수할 생각도 하지 마라. '남의 가슴 아프게 한 사람은 자기 가슴에 피멍이 드는' 경험을 반드시 하게 된다. 당신이 굳이 하지 않아도 하늘이 대신 해준다는 걸 믿고 잊으라.

❷ 미래를 걱정 마라

미래는 아직 오지 않았다. 그런데 사람들은 아직 오지도 않은 미래를 걱정한다. 지나 보면 대부분 걱정하던 일은 벌어지지 않는데, 짐짓

미리 걱정하고 두려워하며 스트레스를 받는다. 시험을 앞둔 수험생이 미리 '실수해서 문제를 잘못 풀면 어떡하나?', '시험 당일 내 컨디션이 나쁘면 어떡하지?' 등 실수하고 실패할까 고민만 하다가 실제 시험을 망치는 경우도 있다. 비행기 사고가 일어날까 걱정하는 사람들은 결코 비행기를 타지 못한다. 사람들이 가장 행복하다는 여행도 못 하고, 새로운 세상을 경험하는 소중한 기회를 스스로 차단하는 셈이다.

이처럼 일어나지 않은 일을 미리 걱정하는 것은 과거에 집착하는 것보다 몇 배 더 소모적이고 백해무익하다. 미래에 대한 걱정으로 현재를 즐기지도 행복을 느끼지도 못하기 때문이다. 장래에 대한 불안으로, 점집을 찾는 사람들이 많다. 그런데 점집에 다녀온 후 더 불안해진다. 어떤 일이 일어날 때마다 '이게 점집에서 들은 그 시그널이 아닐까' 하고 걱정하게 된다. 점치러 가지 않았으면 굳이 하지 않았을 걱정까지 지레 하게 되는 것이다. 설사 안 좋은 미래가 현실로 다가온다 하더라도 그때 걱정해도 늦지 않다. 미리 사서 걱정을 자초할 필요는 없다는 말이다.

❸ 비교를 하지 마라

행복을 찾아 떠난 꾸뻬 씨가 여행에서 가장 먼저 찾은 "행복의 첫 번째 비밀은 자신을 다른 사람과 비교하지 않는 것"이었다. 또한 여행을 거의 마칠 무렵 찾은 21번째 배움은 '행복의 가장 큰 적은 경쟁심'이라는 것이었다(를로르, 2004: 32, 183). 한국은 배고픈 문제는 해결했지만, 배 아픈 문제는 해결하지 못했다. 아니 점점 더 증폭되고 있다. 자신의 외모를 남과 비교하고, 내 자식과 남의 자식을 비교하며, 내 집과 남의 집을 비교하고, 내 차와 남의 차를 비교하는 순간 불행은 시작된다. 네가 가지면 나도 가져야 한다. 우리 자신이 부유한지 가난한지 느끼는 것은 우리의 이웃과 친족, 친구, 직장 동료가 얼마를 소유하고 있는지에 달려 있다. 문제는 이 비교 방향이 위로 향하지 절대 아래로 향하지 않는다는 것이다. 또한 과거와 비교하는 절대 비교는 하지 않는다. 오직 현재를 상대적으로 비교하는 것만이 중요하다. 이러한 비교는 시기와 질투를 낳고 불행을 초래한다. 비교하지 말고 지금 자기가 가진 것에 감사하는 삶을 사는 것이 행복의 지름길이다.

❹ 잘난체 하지 마라

앞의 비교와 연동되는 주제다. 잘난 체하는 순간 질투와 시기의 대상이 되고 좋은 관계는 단절된다. 친한 친구 사이라도 자식 자랑은 하지 마시라 했다. 자기 자식이 잘 안 풀리는데, 남의 자식을 온전한 마음으로 축하해 줄 사람은 그리 많지 않다.

자신의 행복에도 질투가 얼마나 위험한지 행복을 저해하는지 생각하며 '잘난 척하지 말라'는 얀테의 법칙을 되새겨야 한다. 재능이 많을수록 자기 과시를 삼가고 겸손하라!

2) 4가지 할 것

❶ 현재에 충실하라

한국인 대부분은 미래를 과도하게 걱정하고 성공하는 데 몰두해 현재의 행복을 포기하는 삶을 살고 있다. 좋은 대학에 들어갈 때까지, 좋은 직장에 취직할 때까지, 내 집 마련할 때까지 등 미래의 성공을 위해 현재를 포기하며 앞만 보며 달려가고 있는 것이다. 이렇게 'becoming'에 눈을 두고 살고 있지만, 정작 행복이 담겨 있는 곳은 'being'인 것을 모른다(서은국, 2014: 119).

잭슨 브라운 주니어Jackson Brown Jr.는 다음과 같이 얘기했다. "내일을 위한 최고의 준비는 오늘 최선을 다하는 것이다The best preparation for tomorrow is doing your best today." 로빈 윌리엄스Robin Williams 주연의 〈죽은 시인의 사회〉의 대사로 유명한 "카르페 디엠Carpe diem"은 라틴어에서 유래한 말이다. 영어로는 '현재를 잡아라Seize the day'로 번역된다. 이는 '현재를 즐기라'를 뜻하는 것이 아니라 '지금 살고 있는 현재 이 순간에 충실하라'는 뜻이다. '지금, 여기'에 충실히 하는 것은 매우 큰 의미가 있다. 현재 자기가 마주한 사람을 최선을 다해 만나고 일에 충실할 때 행복하며, 행복한 미래 또한 다가온다. 사랑은 과거나 미래의 사람과 하는 게 아니라 현재 바로 당신 앞에 있는 사람과 하는 것이다. 사람들은 의미 있는 일에 지금 몰두하고 있을 때 행복하다. 행복을 찾아 떠난 꾸뻬 씨에게 노승은 얘기한다.

진정한 행복은 먼 훗날 달성해야 할 목표가 아니라, 지금 이 순간 존재하는 것입니다. 인간의 마음은 행복을 찾아 늘 과거나 미래로 달려가지요. 그렇기 때문에 현재의 자신을 불행하게 여기는 것이지요. 행복은 미래의 목표가 아니라, 오히려 현재의 선택이라고 할 수 있지요. 지금 이 순간 당신이 행복하기로 선택한다면 당신은 얼마든지 행복할 수 있습니다. 그런데 안타까운 것은 대부분의 사람들이 행복을 목표로 삼으면서 지금 이 순간 행복해야 한다는 사실을 잊는다는 겁니다(를로르, 2004: 190).

❷ 범사에 감사하라

동서양을 막론하고 행복의 비밀 중 하나로 반드시 거론되는 것이 바로 감사하는 삶을 사는 것이다. 『성서』는 "범사에 감사하라"(「데살로니카전서」, 5 : 18)라고 힘주어 가르치고 있다. 불교 또한 연기법의 관점에서 "모든 존재, 모든 사람, 모든 소유물, 모든 상황에 대해 감사하라"(≪매일종교신문≫, 2020.7.8)라고 가르친다. 그런데 우린 감사보다 불평에 익숙하다. 즐겁고 만족스러운 상황보다 속상하고 불만스러운 상황을 더 많이 접하기 때문이다. 하지만 전문가들은 "이미 가지고 있는 것에 감사해야 더 행복해진다"라고 말한다. 자기보다 많이 가진 사람들과 비교하며 불행해하기보다 자신이 지금 가진 것에 감사하라는 것이다. 작은 성취에 만족하고 사소한 것에 감사하는 습관을 기르면, 일상이 더 풍요롭고 행복해진다. 꾸뻬 씨도 행복을 찾아 떠난 여행에서 다음과 같은 배움을 얻었다. "행복은 자기 가족에게 아무것도 부족한 것이 없음을 아는 것"(배움 9)이며, "행복은 살아 있음을 느끼는 것"(배움 15)(를로르, 2004: 126).

❸ 좋은 관계를 맺으라

외로움은 행복의 가장 큰 적이다. 반대로 좋은 관계야말로 행복을 결정하는 중요한 요소다. 하버드대학교 로버트 월딩어Robert Waldinger 교수는 수십 년간의 연구 끝에 "행복은 부나 성공, 명예가 아니라, 좋은 관계에 달려 있다"(Waldinger, 2015.12.23)라고 밝혔다. 가족과 친구, 공동체와의 관계가 긴밀할수록 건강하고 행복하다는 것이다. 세계 최초로 외로움 장관Minister of Loneliness을 임명한 영국 정부는 '하루 한 통 전화하기 캠페인'을 벌이기도 했다.

전문가들은 "행복한 사람들을 곁에 두고 그들을 따라 하면 더 행복해진다"라고 말한다. 사람들, 가능하면 긍정적 에너지가 넘치는 이들, 행복한 사람들과 함께하라. 자신이 내성적이라 생각하면, 되도록 외향적이고 밝은 사람을 만나라. 만나서 소통하고 관계를 맺으라. 많은 사람을 만나는 게 중요한 것이 아니라 좋은 관계를 이룰 수 있는 사람을 만나는 것이 중요하다. 꾸뻬 씨도 얘기한다, "행복은 좋아하는 사람과 함께 있는 것"(배움 7)(를로르, 2004: 64)이라고.

❹ 남에게 베풀어라

행복한 사람들은 다른 사람을 우선하는 경향이 있으며, 자신의 행복보다 다른 이들의 행복에 초점을 맞춘다. 기부를 하거나 친절을 베풀면 행복도가 높아진다는 연구 결과도 있으며, 다른 사람에게 돈을 쓰는 것이 자신에게 돈을 쓰는 것보다 훨씬 행복하다는 연구 결과도 있다. '받는 기쁨보다 주는 기쁨이 더 크다'는 것이다.

꼭 큰돈을 쓸 필요는 없다. 커피 한 잔을 함께 나누는 것으로도 충분하다. 자원봉사에 참여해 적극적으로 남을 돕는 것은 더욱 좋다. 정기적으로 자원봉사에 참여하는 사람들의 행복도가 보통 사람들보다 2배이상 높다는 것은 널리 알려진 사실이다. 실제로 한 집단에는 자신을 위해 쓸 돈을 주고, 다른 한 집단에는 타인을 위해 쓰도록 같은 액수의 돈을 주는 실험을 했다. 그 결과, 타인을 위해 쓸 돈을 받은 집단이 더 행복했다는 결과가 나왔다(레이어드·우성대 외, 2017: 48). UN「세계행복보고서」행복지수 중 하나로 기부 항목이 설정돼 있는 이유가 바로 여기에 있다. 좋은 관계를 유지하기 위해서라도 먼저 베풀어야 한다.

이상이 그간 내가 공부하며 경험칙으로 배운 행복해지기 위한 8가지 팁이다. 내가 이 모든 것을 다 체득한 것은 아니다. 이는 내게도 여전히 실천하기 어려운 매일매일의 도전 과제다.

4장
행복 한국을 위한 정책 제언

1. 한국 국민은 얼마나 행복한가?

국제 조사를 통해 살펴본 한국인의 행복도

　정책을 만들려면 지금, 우리 현실에 대한 객관적 진단이 먼저 진행돼야 한다. 도대체 한국 국민은 얼마나 불행하고 얼마나 행복한 것일까? 절대적 빈곤 시절인 과거 보릿고개 때와는 비교할 수 없을 정도로 풍요로워진 건 분명한데 '그 시절보다 행복한가?'라고 물어보면 선뜻 '그렇다'는 답이 나오지 않는다. 왜 이럴까?

　그때는 곤궁했어도 희망이라도 있었다. '열심히 노력하면 개천에서 용이 되어 날 수 있다'는 꿈이라도 꿀 수 있었다. 하지만 지금은 N포 세대, 이생망, 무민세대라는 자조 섞인 한탄만이 청년들 사이에 회자되고 있으니 하는 말이다. 다른 나라와 비교해서는 어떤가?

　시그나그룹의 '행복지수', 영국의 주간지 ≪이코노미스트≫ 부설연구소 EIU^Economist Intelligence Unit가 조사해 발표하는 '삶의 질 순위^Where-to-be-born Index', 영국 싱크탱크 레가툼연구소Legatum Institute가 발표하는 '레가툼번영지수Legatum Prosperity Index', 영국의 신경제재단이 발표하는 '지구촌행복지수' 등 국제적 조사를 통해 비교해 보자.

1) 시그나그룹 '행복지수', 23개국 중 23위(2019)

2018년 7월 29일 자 ≪세계일보≫에 "직장·돈 스트레스에 행복지수 꼴찌…… '행복 찾기'에 빠진 한국"라는 기사가 실렸다.

글로벌 헬스케어기업 시그나그룹은 2018년 7월 11일 우리나라의 행복지수가 23개국 중 가장 낮다는 결과를 발표했다. 이 조사의 원제목은 'Cigna 360° Well-Being Survey'이다. 시그나그룹의 행복지수는 신체 건강, 사회관계, 가족, 재정 상황, 직장 등 5개 분야의 지수를 측정한다. 우리나라의 행복지수는 51.7점으로, 70.4점으로 1위를 차지한 인도보다 무려 20점 정도 낮은 수치다. 2014년부터 매년 측정한 이 행복지수에서 2015년을 제외하고는 우리나라가 매년 꼴찌를 차지하고 있다. 행복하지 않은 나라라는 불명예를 떠안고 있다(≪세계일보≫, 2018. 7.29).

믿기 어려웠다. 설마 그럴 리가? 뭔가 조사 항목이나 방법이 잘못됐겠지 생각했다. 국민소득 3만 달러를 넘어 세계 10위권의 경제대국인 한국이 행복도 꼴찌라고? 인터넷으로 가장 최근 자료를 검색해 보니, 2019년에도 53.2점으로 여전히 최하위였다. 조사 대상국 평균 62점보다 약 10점 낮고, 전년에 이어 다시 1위를 차지한 인도의 74.8점과 20점 차이가 났다. 아시아권에서는 인도네시아가 4위, 중국이 5위, 태국이

8위를 차지한 것과 비교된다("2019 CIGNA 360° WELL-BEING SURVEY WELL & BEYOND").

2) EIU의 '삶의 질 순위', 19위(2020)

이 지수는 EIU가 세계 111개국을 대상으로 성평등·자유도·가족·공동생활의 수준과, 소득, 건강, 실업률, 기후, 정치적 안정성, 직업 안정성에 대해 조사해 종합 점수로 순위를 매긴 것이다(위키피디아). 우리나라에는 이전 명칭인 '삶의 질 지수Quality of Life Index: QLI'로 알려져 있다. 2020년 기준으로 1위는 스위스이지만 3위 노르웨이, 6위 스웨덴, 7위 덴마크, 11위 핀란드 등 북유럽 국가들이 최상위권에 포진해 있으며, 한국은 2013년에 이어 19위에 올라 있다.

3) 레가툼의 '세계번영지수', 29위(2019)

세계번영지수Global Prosperity Index는 레가툼연구소가 2007년부터 매년 발표하는 행복지수다. 지구상에서 가장 풍요로우며 행복한 나라를 찾기 위해 창안된 지수로서 세계 167개국을 대상으로 경제적 질, 경영환경, 공공행정, 개인자유, 사회자본, 안전·교육, 건강, 자연환경 등 9개 분야 100개 항목을 평가·산출한다.

2019년에는 최근 10여 년 동안 단 두 번을 제외하고 줄곧 1위를 지킨 노르웨이를 2위로 제치며 덴마크가 1위를 차지했다. 그 뒤를 이어 스위스, 스웨덴, 핀란드 등 북유럽 국가들이 최상위에 올랐다.

한국은 2018년 35위에서 여섯 계단 뛰어올라 29위가 되었지만, OECD 국가에 한정해 보면 하위권이다. '교육'(2위)과 '건강'(4위), '경제적 질'(10위)은 최상위권이지만, '사회적 자본'이 142위로 최하위권에, '자연환경'이 75위로 중위권에 머무른 탓이다.

4) 신경제재단의 '지구촌행복지수', 80위(2016)

신경제재단의 행복지수는 2006년부터 3년마다 조사 결과를 발표하는데, 웰빙(삶의 만족도), 기대수명, 불평등 결과, 생태발자국 등 4가지 지표로 조사한다. 코스타리카는 140~150여 개국을 대상으로 하는 이 조사에서 2009년과 2012년, 2016년 세 번이나 1위를 차지해, 세계의 주목을 끌었다.

지구촌행복지수 순위를 보면 코스타리카에 이어 멕시코, 콜롬비아 등 중남미 국가와 베트남 등 동남아시아 국가가 주로 최상위에 오른다. GDP는 낮지만 4개 영역 모두에서 고루 높은 점수를 받기 때문이다. 이 국가들은 생태발자국 분야에서 상대적으로 강세를 보이는데, 낙천적인 인종이라는 특징도 얼마간 영향을 미친 것으로 보인다.

2016년 한국의 지구촌행복지수 순위는 80위였다. 생태발자국, 웰빙, 불평등 분야에서 점수가 낮은 탓이다(http://happyplanetindex.org/).

지구촌행복지수는 기존의 행복지수와는 큰 차이가 있다. 제목에 나와 있는 것처럼 지구를 행복하게 하기 위해 생태발자국을 줄이도록 유도하는 지수다. 행복한 국가를 넘어 행복한 지구를 지향하는 지수인 것이다. 그래서 종종 환경지수가 전체 행복지수를 너무 크게 좌우한다는 비판을 받기도 한다. 그러나 지구촌행복지수는 이른바 선진국이 주로 사용하는 GDP나 HDI Human Development Index: 인간개발지수에 대한 도전이자 문명 비판적 성격을 띤다(레이어드·우성대 외, 2017: 48).

레가툼연구소와 신경제재단이 영국에 소재하고 있는 것으로 보아, 주로 영국에서 삶의 질 및 행복에 관한 국제적인 조사와 비교가 활발히 이뤄져 왔음을 알 수 있다.

5) 경제실적과사회진보의계측을위한위원회

먼저 니콜라 사르코지Nicolas Sarkozy 전 프랑스 대통령이 제안해 설립된 경제실적과사회진보의계측을위한위원회, 일명 스티글리츠위원회를 주목할 필요가 있다. 이 위원회는 노벨경제학상 수상자 조지프 스티글리츠Joseph Stiglitz와 아마르티아 센Amartya Sen, 프랑스 경제문제연구소 소장 장폴 피투시Jean-Paul Fitoussi 이렇게 3명이 주축이 되어 2008년 2월 설립했다.

이 위원회는 1년여 동안 연구와 토론을 진행한 후, 2009년 9월 파리에서 열린 토론회에서 공식 보고서를 발표했다. 이 보고서 중 비전문적인 부분만 발췌해, 2010년 『GDP는 틀렸다: 국민총행복을 높이는 새로운 지수를 찾아서Mismeasuring Our Lives: Why GDP Doesn't Add Up』라는 책을 스티글리츠, 센, 피투시 3명의 이름으로 발간했다.

제목이 뜻하는 바와 같이 저자들은 GDP가 사람의 행복을 측정하는 최적의 지표가 아님을 강조하며, 국민총행복을 높이는 새로운 지수를 찾아야 한다고 주장한다. 이 책의 발간을 축하하며 서문을 쓴 사르코지는 "훗날 인류 역사는 이 위원회가 성립되기 전과 후를 구분할 것"이며, "이 보고서의 탄생이 역사를 전과 후로 나누는 커다란 역사적 전기로 남을 것"이라고 예언했는데, 나도 '실제로 그렇다'고 생각한다. "사르코지 대통령과 위원회가 제기한 주제들은 (이후) 전 세계적인 호응을 불러 일으켰으며, 세계 여기저기서 반향을 불러일으켰기 때문"(스티글리츠 외, 2011: 34)이다.

실제 이 보고서가 공개되고 한 달 만인 2009년 10월 말 부산에서 3차 OECD 세계포럼이 열렸는데, 보고서에서 제기한 담론들이 주요한 논의 주제가 되었다.

놀라운 것은 GDP가 사회적 웰빙이나 체감물가 등을 충분히 반영하지 못하므로 새로운 지표를 개발하기 위해 위원회를 구성해야 한다고 제안한 이가 우파 대통령 사르코지라는 사실이다.

6) 행복 차르 리처드 레이어드와 영국

2010년 영국 총리가 된 데이비드 캐머런David Cameron도 우파였다. 캐머런은 집권하자마자 제너럴 웰빙General Well-Being: GWB 정책을 천명했고, 영국은 국가통계청 차원에서 행복, 삶의 만족도 등에 초점을 맞추고 웰빙 데이터를 정기적으로 측정해 왔다. 그리고 보면 프랑스보다 먼저 GDP를 넘어서는 대안 지표를 찾고 실행에 옮긴 나라는 바로 영국이다. 프랑스가 미국의 조지프 스티글리츠를 내세웠다면, 영국에는 리처드 레이어드가 있었다.

리처드 레이어드는 런던정경대 교수로, 일생을 행복 연구에 바쳐온

경제학자다.[1] 이스털린의 역설Estearlin's paradox로 유명한 리처드 이스털린Richard Easterlin과 함께, 소득과 행복의 상관관계가 낮다는 것을 일찍이 실증한 행복경제학의 아버지다. 경제학자이면서도 정신건강이 특히 행복의 주요한 요인이라고 강조하는 인물로서, 존 헬리웰John Helliwell, 제프리 삭스Jeffrey Sachs와 함께 「세계행복보고서」 공동 편집자로 참여하고 있다.

그의 여러 정책 제안이 영국 정부의 정책에 반영되면서 행복 차르Happiness Tsar라는 별명을 얻었다. 그의 행복정책 아이디어는 당시 영국 노동당의 토니 블레어Tony Blair 총리와 그 뒤를 이은 보수당의 데이비드 캐머런 총리만이 아니라, 이웃 나라 프랑스의 사르코지 대통령에게도 심대한 영향을 미친 듯하다. 그 결과 영국은 블레어 정부 시절부터 행복지수 도입을 추진했고, 캐머런 집권 시절인 2010년부터 국가 웰빙 측정Measuring National Well-Being 프로그램을 시작했다.

행복정책과 관련해 스티글리츠위원회의 중요한 역할 때문에 당초 제안자인 사르코지의 프랑스가 부각되고 있으나, 그 국제적 영향력의 시원은 영국이라 할 수 있다. 비슷한 시기인 2006년 영국의 민간 싱크탱크인 신경제재단은 지구촌행복지수를 개발했다. 토니 블레어 정부에서 경제자문 역할을 했던 레이어드가 핵심 역할을 맡았다. 이렇게 학계와 민간 차원의 행복지수 찾기 노력과 정부 차원의 행복정책이 다른

---

1   리처드 레이어드는 『행복의 함정』이라는 제목으로 국내에 번역·출간된 *Happiness, Lesson a New Science* (2005)로 잘 알려져 있다. 레이어드는 이 책에서 경제학, 신경과학, 심리학 등 수많은 학문의 연구 결과를 바탕으로 행복 메커니즘을 밝히고, 개인·사회·국가가 더 행복해지기 위해 무엇을 해야 하는지 종합적으로 제안했다.

어느 나라보다 활발히 시도된 나라가 영국이다. 국가 차원에서 주관적 웰빙을 공식 통계로 측정한 최초의 나라이기도 하다.

2010년은 독일에서까지 보수우파 연정이 탄생해, 영국·프랑스·독일 유럽의 빅3 국가가 13년 만에 모두 우파 정권으로 바뀐 시기다. EU의 주요한 결정을 영국·프랑스·독일이 주도하는 경우가 많기 때문에, OECD의 더 나은 삶의 지수는 물론이고, UN「세계행복보고서」작성에 큰 영향을 미쳤을 것으로 추정된다.

7) OECD '더 나은 삶의 지수', 38개국 중 29위(2017)

OECD가 2011년부터 매년 발표하는 더 나은 삶의 지수는 앞서 말한 정세에 영향을 받아 시작되었다. 주택, 소득, 일자리, 공동체(사회적 관계), 교육, 환경, 거버넌스, 건강, 생활만족도, 안전, 일과 삶의 균형 등 모두 11개 분야 지표로 측정된다. 2017년 보고된 한국의 더 나은 삶의 지수 순위는 조사 대상 38개국 중 29위였다. 이는 이전 5년여 동안 보고된 순위와 별반 다르지 않다. 더 나은 삶의 지수 순위 1위부터 5위는 노르웨이, 덴마크, 호주, 스웨덴, 캐나다로, 북유럽 국가들이 강세를 보인다.

한국은 주택, 소득, 교육과 거버넌스, 일자리에서 평균을 상회하지만 생활만족도, 환경, 건강, 사회적 관계, 안전, 일과 삶의 균형에서 평균 이하 점수를 받았다. 더 구체적으로 살펴보면 한국의 1인당 평균 가처분소득은 2만여 달러로 OECD 평균인 3만 달러보다 낮았다(38개국 중 23위). 가장 부유한 계층과 가장 가난한 계층 사이에는 상당한 격차가 존재한다. 한국 인구의 상위 20%의 소득은 하위 20% 소득의 거의 6배에 달한다.

대기에 유입돼 폐에 손상을 줄 수 있는 미세먼지 농도는 OECD 회원 국 중에서 가장 높았다(38개국 중 38위). 한국 국민이 OECD 국가 중 최 악의 미세먼지에 노출돼 있다는 것이 새삼 드러난 것이다. 미세먼지는 숨을 쉬어야 살 수 있는 인간의 가장 기본적인 권리를 침해하는 위해 요인이지만, 몇 년 전까지만 해도 한국 정부는 중국 탓만 하며 손 놓고 있었다. 수질도 OECD 평균보다 낮았다.

공동체 영역(사회적 관계)에 관해 묻는 "도움이 필요할 때 의지할 수 있는 사람이 있다"라는 질문에 "그렇다"라고 답한 한국인은 76%였다. 이는 OECD 평균 89%에 훨씬 못 미치는 수치다. 이 분야에서도 한국 은 38개국 중 38위를 차지했다. 사회적 지원과 관련한 응답률에서 한 국이 꼴찌라는 사실은, 이 조사 결과가 세계 최고의 자살률과 밀접히 관련된다는 것을 보여준다. "당신이 힘들 때 도와줄 사람이 있느냐?"라 는 질문에 대한 일반적 답변은 '가족, 친구, 이웃' 등을 상정하는데, 이 관계가 단절되고 공동체가 해체되었음을 보여주는 것이다.

전근대적 착취와 제국주의 수탈, 전쟁의 참화를 겪으면서도 끈끈하 게 유지해 온 우리의 공동체 의식은 경제성장 우선주의와 성장중독증 에 빠지면서 완전히 깨져버렸다. 협동의 미학은 사라지고 살벌한 경쟁 과 각자도생 사회로 전락하고 말았다. 서로 품어주고 고통을 나누었던 마을은 물론이고, 심지어 가족까지 해체되고 말았다. '더 나은 삶의 지 수' 조사 결과는 객관적인 지표상으로도 한국의 사회관계가 완전히 붕 괴했음을 보여준다.

다시 돌아오자. "일반적인 건강 상태는 어떠한가?"라는 주관적 건강 상태를 묻는 질문에 놀랍게도 한국인들은 33%만 긍정적인 답변을 했다. 이는 OECD 평균인 69%보다 훨씬 낮은 수치로, OECD 38개국 중 38위였다.

한국인들은 '삶의 전반적 만족도'를 0에서 10점으로 평가하라는 문항에 OECD 평균인 6.5점보다 낮은 5.9점을 주어 38개국 중 30위를 했다.

이상과 같이 한국은 미세먼지, 주관적 건강 상태, 사회적 관계(공동체 영역)에서 조사 대상국 38개국 중 거의 꼴찌로 조사되었다. 한국인들이 왜 행복하지 않은지 그 이유가 하나씩 밝혀지고 있는 것이다.

한편 OECD 더나은삶연구소Better Life Institute의 「2020년 삶의 질 보고서How's Life in 2020?」에서도 한국인의 삶의 만족도는 조사 대상이 된 OECD 국가 중 최저 수준(33개국 중 32위)으로 드러났다. "자신의 삶의 만족도를 0점에서 10점 사이의 점수로 매겨보라"라는 요구에 한국인은 6.1점을 매겼다. 동일한 질문에 북유럽 국가나 중남미 국가 사람들 대부분 7~10점을 주는 데 주저함이 없는데, 한국인 대부분은 5~7점을 선택했다. 여러 가지 요인이 총합된 결과이고 한국 나름의 특수한 이유도 있다고 생각하지만, 그래도 너무 낮은 수치라고 생각한다.

8) OECD 「2020년 삶의 질 보고서」, 33개국 중 32위(2020)

OECD 더나은삶연구소가 2020년 3월 9일 펴낸 보고서 「2020년 삶의 질 보고서」에 따르면 한국인의 삶의 만족도는 OECD 최저 수준

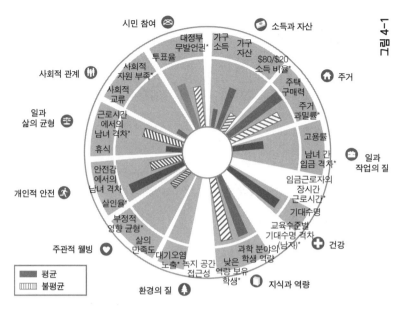

그림 4-1

한국의 현재 웰빙

주: 11개 분야를 평가하는 이 그래프는 다른 OECD 국가와 비교해 한국의 상대적 강점과 약점을 잘 보여준
다. 긴 막대는 좋은 결과, 짧은 막대는 나쁜 결과, 마이너스 지표는 *로 표시돼 있다. 불평등은 빗금, 누락
된 데이터는 흰색으로 표시했다.

자료: OECD 대표부(2020.3.16: 11).

인 것으로 드러났다. 37개 OECD 회원국과 4개 협력국까지 포함해 모
두 41개국을 대상으로 한 이 연구는, 11개 분야 데이터를 종합해 각국
의 '삶의 질'을 측정하고 분석한다. 11개 분야는 소득과 자산, 주거, 일
과 직업의 질, 워라밸work-life balance, 건강, 지식과 기술, 환경의 질, 주관
적 만족도, 안전, 사회적 관계, 시민참여 등이다.

보고서에 따르면 한국은 계층별, 남녀 간, 세대 간, 교육수준별 불평
등이 OECD 평균에 비해 심한 것으로 나타났다. 소득 상위 20%의 소
득이 하위 20%에 비해 7배가 높아, OECD 평균인 5.4배를 훨씬 웃돌았
다. 남녀 간 불평등도 여전히 심하다. 임금 격차는 OECD 평균 12.9%

의 3배에 가까운 34.6%로 최고 수준이다. 이는 남성이 100만 원의 임금을 받을 때 여성들은 65만 원 정도의 임금밖에 받지 못한다는 뜻이다. 이 외에 근로시간에서의 남녀 격차는 물론이고 안전감과 인지된 건강 분야에서의 격차도 큰 것으로 드러났다.

사회적 관계 단절과 신뢰 부족 문제도 심각했다. 필요할 때 의지할 가족이나 친구가 없다고 답한 이가 응답자의 19%로 OECD 평균 9%의 2배가 넘었다. 이는 조사 대상 41개국 중 22%인 그리스 다음으로 높은 수치로, 사회적 지원 분야가 OECD 최저 수준임을 말해준다. 이는 국민 5명 중 1명이 사회적으로 고립돼 있다는 뜻이며, 세계 최고의 자살률과 연동되는 지표다.

삶의 주관적 만족도가 "매우 낮다"라고 답한 비율도 12%로 OECD 평균인 7%보다 훨씬 높았다. 자신의 삶의 만족도에 0~10점의 점수를 매겨보라는 요구에 한국인들은 평균 6.10점을 매겼다. 이는 해당 항목 조사 대상 33개국 중 5.7점인 터키를 제외하고 가장 낮은 수치였다. 가장 높은 점수인 8.26점을 매긴 것은 놀랍게도 콜롬비아였으며, 핀란드가 8.2점으로 2위, 캐나다와 아일랜드가 8.10점으로 그 뒤를 이었다.

9) UN 지속 가능발전해법네트워크 「세계행복보고서」, 61위(2020)

「세계행복보고서」는 2012년 처음으로 발간된 이후 2014년을 제외하고 매년 발표된 보고서다. UN 자문기구인 지속가능발전해법네트워크에서 매년 세계 행복의 날International Day of Happiness을 맞아 발간하는데, 세계 행복 순위를 매기는 것으로 유명하다. 154~156개국을 대상으

그림 4-2

자연자본		경제자본		인적자본		사회자본	
일인당 온실가스 배출량	❸ ↔	생산된 고정자산	❷ ／	청년의 교육성취도	❶ ↔	타인에 대한 신뢰도	… …
물질발자국	❷ ↔	정부의 금융순자산	❶ ↔	조기사망률	❶ ／	정부에 대한 신뢰도	❸ ／
멸종위기동물의 적색 목록	❸ ＼	가계부채	❸ ＼	노동저활용률	… …	정치에서의 남녀평등	❸ ／

미래의 웰빙을 위한 자원

❶은 성과가 가장 높은 OECD 계층, ❷는 성과가 중간 수준인 OECD 계층, ❸은 성과가 가장 낮은 OECD 계층, ／는 지속적인 개선, ↔는 특정하고 지속적인 추세가 없음, ＼는 지속적인 감소, …는 2010년 이후 추세를 결정할 충분한 시계열이 없음을 나타낸다.
자료: OECD 대표부(2020.3.16: 11).

로 1인당 GDP, 사회적 지원, 건강·기대수명, 삶의 선택의 자유, 관대성(기부), 부패인식도를 기준으로 국가별 행복지수를 조사·발표한다.

여기서 1인당 GDP는 실질 구매력 기준이며, 사회적 지원은 "만약 당신이 곤경에 처했을 때 언제든 도와줄 친척이나 친구가 있는가?"라는 질문으로 측정했다. 삶의 선택의 자유란 "당신은 하고 싶은 일을 하면서 살고 있는가, 아닌가?"라는 질문에서 볼 수 있듯이 생애 선택의 자율성을 뜻한다. 둘 다 양자택일적 질문으로 갤럽조사 데이터를 사용한다. 관대성은 "당신은 지난 달 기부한 적 있는가"라는 질문으로 측정한다.

2012년 처음 발표된 이래로 덴마크가 2012년, 2013년, 2016년에 행복국가 1위를 차지했고, 2015년 스위스, 2017년 노르웨이에 이어, 2018년, 2019년, 2020년 3년 연속으로 핀란드가 세계 최고의 행복국가로 선정되었다. 이 4개 국가가 세계 최고 행복국가 자리를 두고 매년 경쟁한 셈이다. 특히 핀란드와 덴마크는 매년 선두 경쟁을 벌이고 있다.

한국은 2019년 54위에서 2020년 일곱 계단 내려앉아 61위가 되었다. 전년보다 총점이 조금 상승했음에도 순위가 낮아진 이유는 다른 나라의 삶의 질 개선 속도보다 늦거나 제자리걸음을 하기 때문이다. 특히 사회적 지원, 삶의 선택의 자유, 환경 분야가 여전히 취약해서 그렇다.

한편「세계행복보고서 2020」은 국가 순위뿐 아니라 처음으로 주관적 만족도Subjective Well-Being: SWB를 기준으로 세계 행복도시 순위를 매겼다. 세계에서 가장 행복한 도시는 핀란드 수도 헬싱키로 조사되었다. 서울은 83위였다. 이 보고서는 일반적으로 도시 행복 순위가 국가 행복 순위와 거의 비슷하다는 것을 보여준다.

여기서 궁금해진다. 왜 UN은 2012년부터 매년「세계행복보고서」를 발간하는 것일까? 해답은「세계행복보고서 2012」제4장 "몇 가지 정책적 함의Some Policy Implication"에 나와 있다.

이에 따르면 UN은 2011년 7월 13일 총회 결의를 통해 "행복과 웰빙의 추구가 중요하니 이를 공공정책에 반영하는 데 도움을 줄 새로운 척도를 개발할 것"을 회원국들에 권장했다(헬리웰 외, 2017: 77). 자국 국민의 행복을 측정해 이를 공공정책의 안내자로 활용할 것을 권유한 것이다. 또한 3월 20일을 세계 행복의 날로 정하고, 다음 해부터 매년 이날「세계행복보고서」를 발표하기 시작했다.[2]

이 UN 결의는 앞서 살펴본 것처럼 스티글리츠 보고서와 OECD의 더 나은 삶의 지수와 밀접한 관련이 있는 것으로 보인다. 당장은 권장 수준이지만, 행복지수 개발은 국가지속가능발전 지표처럼 당연한 국제적 흐

---

2   놀라운 것은「세계행복보고서」가 부탄의 제안으로 2012년 4월 2일 열린 '행복과 웰빙을 위한 UN 고위급회담'을 지원하기 위해 2012년 처음으로 발간되었다는 사실이다. 이 회담은 2011년 행복지수를 권장한 UN 총회의 후속회의 성격을 띠었다.

름, 즉 국가적 과제로 발전할 가능성이 높다. 「세계행복보고서」를 지속
가능발전네트워크가 발간한다는 사실도 그러한 추정을 가능케 한다. 실
제로 행복지표는 이미 많은 나라의 정부 정책으로 자리매김하고 있다.

10) 세계 각국의 행복지수와 행복정책 동향

사르코지의 프랑스, 캐머런의 영국은 물론이고 브라질에서도 국민
총행복지수가 개발되었다. 뉴질랜드 정부도 삶의 질a Quality of Life 프로
젝트를 진행하고 있고, 캐나다도 2011년부터 웰빙지수Canadian Index of
Wellbeing: CIW를 발표하고 있다.

일본도 2011년부터 내각부 차원의 행복도 지표를 발표했고, 2013년
에는 행복정책을 지향하는 52개 기초자치단체들이 모여 행복리그幸せ
リーグ라는 연합조직을 발족했다. 이들은 주로 "행복실감도시幸福實感都市"
라는 슬로건을 일률적으로 사용하고 있는데, 2018년부터는 99개 기초
자치단체까지 참여하기 시작했다. 한국은 2018년 10월 17일 40여 개
자치단체가 모여 행복실현지방정부협의회를 창립했다.

UAE아랍에미리트연방은 2016년 행복부State for happiness를 세계 최초로 신
설해 사회 전체의 행복도를 높일 수 있는 법률을 제정하고, 다양한 행
복정책을 추진해 왔다. 공공기관마다 행복위원회를 설치하고 각
부처에 행복사무관을 배치한 것이다. 2017년에는 UN「세계행복보고
서」공동 편집자 제프리 삭스를 수장으로 하는 세계행복협의회World
Happiness Council를 창설하고, 매년 독자적으로 「세계행복보고서」를 발
간하고 있다.

영국에서는 외로움 장관이 2018년 신설되기도 했다.

한편 이미 1729년 왕국의 헌법에 국민행복을 새긴 부탄은 4대 왕 시절부터 국민총행복을 국정 목표로 천명하고, 국가발전 전략으로 삼아왔다. 2008년에는 국왕 직속으로 국민총행복위원회Gross National Happiness Commission: GNHC가 설치됐으며, 국민총행복 지표가 국가발전 계획에 공식 도입되기도 했다. 이와 같은 부탄의 선도적인 국민총행복 정책은 세계의 주목을 끌었으며, 2011년 UN 차원의 행복정책 추진 결의를 이끌어내는 데 커다란 영향을 끼쳤다.

행복지수 상위권 국가를 보면 정부 차원에서 국민행복을 오랫동안 연구해 온 국가들이 많다. OECD나 UN 차원의 논의가 진행되기 시작한 2011년 훨씬 이전부터 부탄은 물론이고 영국·네덜란드·뉴질랜드·캐나다 등의 국가들이 행복을 연구해 왔다. 이렇듯 개별 국가의 오랜 준비와 국제기구의 결의가 모아지면서, 행복지수 개발은 이제 '선택이 아닌 필수'로 자리매김하게 되었다.

2 행복을 측정해야 하는 이유

그렇다면 행복은 왜 측정돼야 할까? 이를 살펴보려면 「세계행복보고서」를 집필한 세계적인 행복경제학자들의 얘기를 들어보는 것이 좋다. 먼저 제프리 삭스의 얘기다.

1) 행복은 측정할 수 없다?

"행복은 개인적 선택에 달린 문제며, 국가정책의 문제라기보다는 개인이 추구해야 할 어떤 것이라 믿는 이들이 많다. 따라서 행복은 국가적 목표의 기준으로 삼거나 정책적 내용을 담기에는 지나치게 주관적이며 모호한 것으로 보인다"(삭스·헬리웰·레이어드, 2016: 43)라는 주장이 있다.

이는 자주 들어온 주장이지만, 최근 일련의 연구에서 "행복이 주관적 경험이기는 하지만 객관적으로 측정되고 평가될 수 있으며, 행복이 개인과 사회의 고유한 특성과도 연관된다"(삭스·헬리웰·레이어드, 2016: 43~44)라고 한 것을 모르고 하는 주장이다. "또한 공공정책이 어떻게 수립되고 집행되느냐에 따라 행복의 수준과 양태에도 큰 차이가 날 수 있다. 따라서 국민소득을 높이고자 하는 정책이 그러하듯, 행복을 증진코자 하는 정책도 중요한 의미를 지니고 있다"(삭스·헬리웰·레이어드, 2016: 45). 소득은 행복 요소 중 일부에 불과하므로 행복정책이 오히려 몇 배 더 중요하다는 것이다.

제프리 삭스는 "지속 가능한 발전Sustainable Development은 인간의 웰빙과 환경의 지속 가능성을 조합하기 위해 탄생한 용어"(삭스·헬리웰·레이어드, 2016: 37)라고 말한다. 즉 행복의 추구는 지속 가능한 발전과 밀접히 연결돼 있으며, 행복 조사는 "지속 가능한 개발 시대에 적합한 정책 입안을 위한 새로운 단초"(헬리웰 외: 2017: 89~91)라고 했다. 다시 말해 행복 연구는 앞의 지속 가능한 발전의 4대 기둥을 설계하고 성취하는 데 디딤돌이 돼야 한다고 역설한 것이다. 대단한 의미 부여이지 않은가?

2) 효율적인 정책 수립과 집행에 필요한 행복지수

제프리 삭스의 얘기는 다분히 원론적이라 할 수 있지만, 「세계행복보고서 2012」 제4장 "몇 가지 정책적 함의"는 이를 더 선명하게 설명해 준다. 이 장을 공동 집필한 캐나다 브리티시콜롬비아대학교의 세계적인 행복경제학자 존 헬리웰, 영국 런던정경대의 리처드 레이어드, 미국 콜롬비아대학교 제프리 삭스는 다음과 같이 말한다.

> 행복을 측정하는 1차적 이유는 시민들과 정책입안자들로 하여금 그들의 문제와 기회가 무엇인지, 어려움이 얼마나 잘 해결되고 있는지, 그리고 미래로의 창문이 잘 열리고 있는지 알게 하기 위함이다(헬리웰 외: 2017: 86).

이렇게 중요한 행복도 조사인 만큼 심도 있게 체계적으로 조사해야 한다는 것이다. '더 나은 삶의 지수'나 「세계행복보고서」에서 볼 수 있듯이 어떤 점이 국민들을 고통스럽게 하는지 생생하게 제시하기 때문에, 정책의 우선순위를 잡는 데 필수적이라는 것이다.

당위론적 차원이 아닌 실제 효율적인 정책 수립과 집행에 필요하다. 예를 들어 정부 또는 지방정부의 "대부분의 공공지출은 건강, 사회복지, 법과 질서, 환경, 아동복지, 소득 지원 등에 쓰인다. 그런데 이런 분야에서는 지불하고자 하는 의지가 발생하는 편익에 대한 충분한 지침이 제공되지 않는다. 행복은 이러한 지출을 평가하기 위한 매우 훌륭한 추가기준이 될 것이다"(헬리웰 외: 2017: 88)라고 한다.

행복지표 조사 결과에 따라 취약 분야와 취약계층, 취약 지역이 도출되므로, 정책 우선순위를 잡는 데 유익하거나 사회서비스 또한 효율적으로 연계·관리할 수 있다는 주장도 있다(변미리·민보경·박민진, 2017: 111).

추상적인 것 같은 행복지수 개발이 효율적인 공공 예산 집행에 도움이 된다는 말이다. 앞서 살펴본 무상의료와 예방정책처럼 보건의료 예산을 질환이 발생한 다음 치료에 쓰는 것이 아니라 예방prevention 쪽으로 방향을 바꾸면, 국민의 건강과 행복이 더욱더 나아지는 것은 물론이고 공공지출 측면에서도 효율적이기 때문이다. 즉 공공지출을 돌봄care보다는 예방으로 바꾸고, 결손deficits보다 자산 기반asset-based의 공동체 발전 전략을 세울 수 있다는 것이다. 이를 통해 웰빙과 소득 두 마리 토끼를 다 잡을 수 있으니 얼마나 바람직한가(헬리웰 외: 2017: 97). 행복지수를 정책 수립에 반영한 나라들의 생산성이 높아지고, 사회통합이 잘 이루어지고 있다는 사실도 눈여겨 볼 필요가 있다.

3 그것이 알고 싶다, 뉴질랜드 행복예산!

보통 7~8월은 행정 계획표상으로, 중앙정부나 지방정부 모두 다음 해 예산 계획을 짜는 데 골몰하는 시기다. 정부예산 편성의 일반적인 기준은 공공성, 효율성, 경제성 등이다. 그러나 정작 국민의 행복에 얼마나 영향을 미치는지는 잘 고려하지 않는다.

1) 세계 최초로 행복예산을 도입한 뉴질랜드

2020년 4월 27일 뉴질랜드의 저신다 아던^{Jacinda Ardern} 총리는 세계 최초로 코로나19 사태 종식을 선언했다. 그는 2017년 37세 나이로 총리가 되어 당시 세계 최연소 총리라는 타이틀을 얻은 여성 정치인이다. 2019년 12월 34세의 산나 마린^{Sanna Marin}이 핀란드 총리가 되면서 세계 최연소 타이틀은 반납했지만, 아던 총리가 일을 벌일 때마다 세계 최초라는 타이틀이 계속 따라다녔다. 그중에서도 단연 세계적으로 이목을 끌었던 것이 바로 2019년 5월 확정·공개한 행복예산^{wellbeing budget}(웰빙예산)이다.

뉴질랜드가 행복예산을 도입한 이후 아이슬란드 정부도 웰빙 지표를 토대로 2020년 예산안을 편성했고, 스코틀랜드 자치정부도 탄소배출량을 줄이고 국민행복도를 높이는 데 중점을 둔 2020~2021년 예산안을 발표했다. 그 배경에는 스코틀랜드, 아이슬란드, 뉴질랜드 세 나라가 결성한 웰빙경제정부^{Wellbeing Economy Government: WEGo} 네트워크가 있다. 세 나라의 이름 첫 글자를 따서 SIN^{Scotland, Iceland, New Zealand}이라고 부르기도 한다. 니컬라 스터전^{Nicola Sturgeon} 스코틀랜드 자치정부 수반, 카트린 야콥스도티르^{Katrín Jakobsdóttir} 아이슬란드 총리, 저신다 아던 뉴질랜드 총리 등 3인의 여성 국가 지도자들은 네트워크를 구축해 함께 웰빙 의제를 추진해 왔다. 이 네트워크는 "국가 정책의 목표를 GDP 성장이 아니라 국민 전체의 웰빙, 즉 사람들이 얼마나 행복하며 건강한가에 두어야 한다는 문제의식"에서 출발했다(국민총행복전환포럼, 2019.2.16).

영국 일간지 ≪가디언^{The Guardian}≫은 2019년 5월 14일 자에 "영국과

같은 서구 국가들이 국가의 행복(웰빙)지수를 측정하기 시작했지만, 뉴질랜드는 행복 우선순위를 기준으로 국가 예산 전체를 설계하고, 부처별로 행복 개선 정책을 설계하도록 지시한 최초의 서구 국가"라며 뉴질랜드 행복예산을 높이 평가했다.

아던 총리는 "경제성장도 중요하지만 (성장 위주의 정책은) 삶의 질을 측정하거나 누가 더 혜택을 받고 누가 낙오하거나 뒤처져 있는지 고려하지 못 한다"라고 했다. 이어 "뉴질랜드는 수년간 비교적 높은 경제성장률을 보였으나 치솟는 자살률, 감당할 수 없는 노숙자의 증가, 부끄러운 가정폭력과 아동빈곤율을 경험하고 있다"라고 고백했다. 또한 "성장만으로는 위대한 나라가 될 수 없다"라고 선언하면서, 행복예산의 당위성을 역설했다.

우린 언제면 이런 제도를 도입할 수 있을까? 우리도 언젠가는 도입하리라는 믿음 속에, 뉴질랜드의 행복예산 내용과 그 시행 과정을 살펴보겠다. 이 제도를 도입한다면 최우선적으로 벤치마킹해야 할 국가라고 생각하기 때문이다.

2) 행복예산의 5개 영역[3]

뉴질랜드 행복예산은 〈표 4-1〉처럼 5개 영역(마지막은 중장기 사업)에 중점을 두고 있다.

---

3   이후 글과 도표, 자료는 모두 뉴질랜드 재무부 웹사이트의 자료를 참조했다(THE TREASURY, 2019.5.30).

표 4-1 뉴질랜드 투자(중장기)

(단위: 뉴질랜드 달러)

1. 정신건강 중시

- **정신건강을 위한 새로운 서비스** 4억 5500만 달러(약 3600억 원)으로 2023/2024년까지 32만 5000명에게 프로그램 제공
- **자살예방서비스** 4000만 달러(약 300억 원) 증액
- **학교에 더 많은 간호사 배치** 추가적으로 5600명의 중학생들을 위해
- **노숙자 문제 해결** 1044개의 새로운 쉼터 조성으로 2700명에게 혜택

2. 아동 행복 증진

- **가족·성폭력 문제 해결** 위한 전문 서비스. 3억 2000만 달러(약 2500억 원) 패키지 일부
- 청년 3000명이 독립생활 할 수 있도록 돕고 **국가보호 아동을 위한 주기 개선**
- 1~7개 학교 지원금 늘려, 기부금 요구할 필요 없게 하여 **학부모 재정적 압박 제거**
- **주요 혜택을 색인화**하고 징벌적 제재를 제거하여 소득 증대

3. 원주민 지원

- 건강에 초점을 맞추고 재범 줄이는 것 포함, **와나우 오라**(Whānau Ora, 원주민지원기관) **지원**
- **마오리어와 태평양 언어가 생존하고 번영**하도록 보장
- 태평양고용지원청(PESS)에 **2200명 청년 추가 고용**
- **류머티스성 열병 치료를 목표**로 하는 프로그램에 1200만 달러(약 94억 원)

4. 생산적 국가 건설

- 3억 달러(약 2400억 원) 규모 펀드: **벤처 캐피털 격차 해소**, 스타트업 성장, 성공 지원
- **뉴질랜드가 저탄소 미래로 전환할 수 있도록** 혁신에 1억 600만 달러(약 800억 원) 투입
- **현장학습과 무역 훈련** 증진시키기 위한 직업교육 개혁에 약 2억 달러(약 1600억 원)
- 마히(Mahi)에 있는 마나(Mana, 고용지원청)를 통해 약 2000명의 청년을 위한 **현장학습 기회 제공**

5. 경제 혁신

- **키위레일**(KiwiRail)에 10억 달러(약 7900억 원) 이상의 **자금 지원**
- 과학 연구에 투자, **농민이 기후 변화 문제를 해결**하도록 지원
- 2억 2900만 달러(약 1800억 원) 패키지로 **지속 가능한 토지 사용 장려**
- 위험에 처한 집수원에서 수질을 개선, **맑은 물 초점**

6. 뉴질랜드 투자(중장기)

- 향후 2년간 **병원 수리 위해 17억 달러**(약 1조 3400억 원)
- **학교에 10년간 12억 달러 투자**(약 9400억 원), 2019년 신축사업에 2억 8700달러(약 2300억 원) 투입 시작
- 5개의 추가 DHB(지역보건위원회)로 확장된 **대장 검사 프로그램**
- DHB에 29억 달러(약 2조 2800억 원) 투입, **더 나은 건강관리에 투자**

자료: THE TREASURY(2019.5.30).

〈표 4-1〉을 보면 알 수 있듯이 뉴질랜드 행복예산은 '아직 행복하지 않은 사람들'과 '미래세대'에 초점을 맞추고 있을 뿐만 아니라, 경제성 장을 넘어 사회, 환경에 미치는 영향까지 고려하고 있다.

3) 행복예산 수립 원칙과 프로세스

2019년 뉴질랜드 행복예산은 다음과 같은 3가지 원칙으로 수립되었다.

❶ 부처별 칸막이 예산 관행을 깨고 정부 부처 전체의 협력을 통해 행복을 개선 하는 정책을 개발·구현한다.

❷ 현세대의 요구를 충족하면서도 미래세대에 대한 장기적 영향을 고려해 예산 계획을 수립한다.

❸ 금융자본과 자연자본, 인적자본, 사회자본을 포함해 광범위한 성공 척도를 통 해 진행 상황을 추적한다.

구체적으로 살펴보면, 뉴질랜드의 행복예산은 지금까지 관행적으로 설계·개발된 방식과 크게 다르다. 먼저 행복예산 우선순위는 협업적 이고 증거기반 접근법evidence-based approach에 따라 결정되었다.

지금까지 각 부처와 그 장관들은 예산 계획을 세울 때 거의 전적 으로 자기 부처의 책임 영역에 중점을 두어 편성했으나, 2019년부 터는 자신들의 계획이 어떻게 행복 우선순위를 달성할 수 있는지 보 여주어야 했다. 그런 다음 삶의 질 프레임워크Living Standards Framework: 이

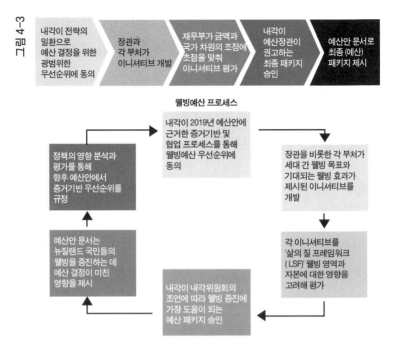

웰빙(행복)예산 프로세스
자료: THE TREASURY(2019.5.30).

하 LSF **4**에 따라 예산계획 우선순위를 평가하고, 내각회의는 각 우선순위 중 행복 증진에 가장 도움이 되는 계획을 패키지로 함께 모으는 데 주력했다. 〈그림 4-3〉처럼 실제 예산안의 많은 프로그램은 새로운 협업 방식의 결과였다.

둘째로 뉴질랜드 정부는 처음으로 예산 우선순위 결정에 웰빙 측정 수단을 사용했다. 삶의 질 프레임워크가 그것이다. 미래세대를 위한 장기적 전망과 함께 다양한 경제적·사회적·환경적·문화적 고려 사항

---

4   직역하면 '삶의 표준'이 되겠지만, 국내에서는 관련 분야 등에서 일반적으로 '삶의 질'로 사용된다.

도 평가한 것이다. 즉 뉴질랜드 정부는 경제적이고 재정적인 전망만 고려한 것이 아니라, 처음으로 '행복렌즈'를 예산 결정의 근거 자료로 삼았다.

뉴질랜드 정부는 이에 그치지 않았다. 행복예산의 도입과 함께, 이를 계기로 국민행복을 위한 지속적인 혁신을 이루기 위해 새로운 업무 방식에 맞춰 공공부문과 시스템 개혁에 나섰다.

뉴질랜드 정부는 행복예산제를 지원하기 위해 여러 법안을 만들었다. '아동빈곤법'은 이미 통과되었고, '공공재정법'을 개정해 미래 예산을 행복에 초점을 맞추도록 할 계획이다. 이것은 향후 정부가 예산과 재정 정책을 수립하는 데 재정 목표와 함께 행복 목표를 동시에 설정해야 한다는 의미다. 또한 재무부는 적어도 4년마다 뉴질랜드의 행복지수를 보고하도록 했으며, 정부는 '공공섹터법State Sector Act'을 개혁해 시민 중심의 서비스가 되도록 공공 서비스를 지원할 계획이다. 또한 뉴질랜드 정부는 정부 전체의 업무 프로그램에 웰빙을 포함시키는 프로그램을 시행하기로 했다.

요약하면 뉴질랜드 정부는 행복예산을 수립하면서 과학적 준거 틀(삶의 질 프레임워크) 개발·적용, 부처 간 협업을 통해 행복예산 편성의 효율성 추구, 국민행복을 장기적·지속적 과제로 추진하기 위한 각종 제도적 장치 마련 등 종합적 실천 전략을 세운 것이다.

이 중 행복예산 계획 수립에 가장 중요한 명분과 기본 근거를 제공한 것이 삶의 질 프레임워크다.

4) 삶의 질 프레임워크

뉴질랜드 정부는 행복예산 타당성의 근거를 마련하기 위해 재무부에 강력한 준거 틀을 만들 것을 요구했고, 이에 따라 재무부는 LSF를 개발한다.

LSF는 행복을 결정하는 다양한 요소의 정책 영향과 장기적 전망까지 고려한 유연한 프레임워크다. 여기에는 〈표 4-2〉와 같이 첫째, 현재의 행복에 영향을 주는 12가지 영역, 둘째, 현재와 미래의 웰빙을 지원하는 4개의 자본이 포함된다.

눈여겨 볼 것은 뉴질랜드는 행복예산의 결정 근거로 현재의 행복 지표뿐만 아니라 미래까지 고려한 프레임워크를 사용하고 있다는 점이다. 향후 국내에서도 행복예산 도입 시 주의 깊게 살펴봐야 할 대목이다.

재무부는 이미 개발된 LSF에 마오리족 등 원주민의 세계관을 더 잘 반영하고, 아동 행복 관련 내용을 보완하며, 문화가 복지에 기여할 수 있는 다양한 방법을 반영할 수 있도록 개발하고 개정할 계획이다. LSF를 고정된 틀로 두지 않고 계속 변화·발전시키고자 하는 것이다.

뉴질랜드 재무부는 LSF가 기존의 예산 계획 과정에 사용했던 분석 틀을 대체하는 것이 아니라, 뉴질랜드인들의 삶의 질을 높일 수 있게 기회를 제공하는 보완재라는 긍정적 의미로 받아들이고 있다. 정부가 좀 더 포괄적인 경제정책을 펼칠 수 있도록 지원하는 것이 LSF라고 생각하는 것이다. LSF를 활용하려면 경제성과 일정한 경험적 능력에 의

표 4-2 재무부 LSF 행복지표의 대시보드

(단위: 뉴질랜드 달러)

뉴질랜드의 현재 삶의 질에 대한 지표(웰빙의 영역)			
시민참여와 거버넌스	**문화적 정체성**	**환경**	**건강**
- 유권자 투표율	- 마오리어 사용자 수	- 대기질	- 건강 기대 수명
- 정부기관 신뢰	- 정체성 표현 능력	- 자연환경 접근	- 건강 상태
- 인식된 부패		- 수질(수영)	-정신 건강
		- 인식된 환경의 질	- 자살률
주택	**소득과 소비**	**직업과 수입**	**지식과 기술**
- 세대 밀집	- 가처분 소득	- 실업률	- 교육적 성취(대학)
- 주거 비용	- 경제적 웰빙	- 고용률	- 교육적 성취(고등)
- 주거의 질	- 소비	- 시간당 수입	- 15세 인지 능력
안전과 보안	**사회 관계**	**주관적 웰빙**	**시간 활용**
- 고의적 살인율	- 사회적 지원	- 일반적 삶의 만족도	- 레저와 개인 돌봄
- 가정 폭력	- 외로움	- 목적 있는 삶	- 유급 노동
- 직장 사고율	- 차별		- 무급 노동
- 안전감	- 마오리마을회관과 연결된 마오리족		
뉴질랜드의 지속 가능하고 세대 간 웰빙 지표(자본)			
금융자본과 물적자본	**인적자본**	**자연자본**	**사회적 자본**
- 총(總)순고정자산	- 교육적 성취(대학)	- 자연 위험요소 통제	- 타인의 신뢰
- 순무형고정자산	- 교육적 성취(고등)	- 기후 규제	- 인식된 부패
- 가계 순자산	- 교육적 성취 기대	- 지속 가능한 식량 생산	- 차별
- 다요소 생산성 성장	- 비전염성 질병	- 식수	- 정부기관 신뢰
- 순 국제 투자 지위	- 15세 인지 능력	- 종다양성과 유전자원	- 소속감
- 전체 정부 순 가치	- 기대 수명	- 폐기물 관리	

자료: THE TREASURY(2019.5.30).

한 정교한 이해가 필요하다. 한국에 행복예산제를 도입한다고 했을 때, 기획재정부 공직자들의 생각과 반응은 어떨지 궁금하다.

4 한국 정부의 행복정책 동향

국민총행복은 모든 정부의 정책 목표가 되어야 한다

1) 이명박 정부

행복과 행복정책을 공부하면서 비로소 깨달은 놀라운 사실이 하나 있다. 바로 이명박 정부가 한국 최초로 행복지수를 개발하겠다는 야심찬 계획을 세웠었다는 것이다.

이를 국민 앞에 공개적으로 천명하기까지 했다. 2009년 8·15 경축사에서 이명박 대통령은 이렇게 밝혔다. "특히 정부는 소득, 고용, 교육, 주거, 안전 등 민생 5대 지표를 새롭게 개발하겠습니다. 이를 수시로 점검하고 국민의 삶의 질과 행복도를 꼼꼼히 챙기겠습니다.…… 우리가 꿈꾸는 나라는 국민 모두가 행복한 나라입니다."

4대강 사업 등 국민행복과는 전혀 딴 방향의 정책을 추진해 온 이명박 대통령이 이런 정책을 추진하겠다고 나선 것은 참 아이러니한 일이다. 어쨌든 이명박 대통령의 공언대로 통계청과 한국보건사회연구원, 경제인문사회연구회에서 실제로 행복지수 개발을 추진했으나 결국 무산됐다는 언론보도를 뒤늦게 찾을 수 있었다(《한겨레신문》, 2012.8.29).

2009년 8월 18일 청와대발 정책 브리핑에서는 같은 해 10월 말 제3차 OECD 세계포럼이 부산 벡스코에서 열리며, "노벨경제학상 수상자인 스티글리츠 교수가 GNP, GNI 등 기존 거시경제지표를 보완·대체할 국민총행복 지수에 대한 발표를 할 계획"이라고 친절하게 설명했다. 이후 10여 년 만인 2018년 11월 인천 송도에서 제6차 OECD 세계포럼이 열렸고, 스티글리츠도 다시 방한했다.

10여 년 전 정태인 박사가 ≪프레시안≫에 기고한 글에 따르면, 노무현 대통령이 당선자 시절에 스티글리츠를 만나 해외경제자문단장을 맡을 것을 제안하고 허락까지 받았다고 한다. 그런데 청와대 내부와 재경부 관료들이 "월스트리트가 싫어할 것"이라고 반대해 결국 흐지부지돼 버렸다는 것이다. 정태인 박사의 독백처럼, 참으로 안타까운 일이 아닐 수 없다(≪프레시안≫, 2010.11.5).

다시 돌아오자. 이명박 대통령은 제3차 OECD 세계포럼 개막식 축사에서 "개인의 행복이나 삶의 질을 사회발전의 척도로 삼아야 하며 이를 위한 새로운 지표 개발이 필요하다는 데 공감한다"라고 했다. 그런데 어찌 된 일인지 그 이후 감감무소식으로 끝나버린 것이다.

성장 위주의 747공약으로 유명한 이명박 정부가 행복지수 개발을 얘기한 것부터가 난센스라 할 수 있다. 아마도 행복지수와 국민총행복이 이명박 정부의 747공약과 정면으로 배치되는 정책이라는 것을 뒤늦게 깨달은 것 아닌가 생각한다.

2) 박근혜 정부

행복의 기치를 가장 높이 든 정부는 바로 박근혜 정부다. 전두환 대통령이 정의사회 구현 등 정의를, 이명박 대통령이 녹색성장·녹색기술 등 녹색을 모든 분야에 즐겨 썼던 것처럼 박근혜 정부는 행복주택·행복기금 등 행복을 정책의 주요 슬로건으로 사용했다.

박근혜 대통령의 선거캠프 이름이 국민행복캠프였고, 당선 후인

2012년 12월에는 "국민행복 시대를 열겠다"라고 공언하기도 했다. 심지어 「세계행복보고서 2013」에서는 독일의 메르켈 총리, 영국의 캐머런 총리 등과 함께 행복의 중요성을 언급하는 세계 지도자 중 하나로 거론되기까지 했다.

대통령의 관심에 따라 지역발전위원회는 2013년 지역행복도 지표 개발과 시범 적용에 나섰고, 통계청 또한 같은 해 청와대 업무보고에서 행복지수를 개발하겠다고 했다. 2015년 행정자치부(현 행정안전부)에서는 '지역공동체 행복지표'를 개발하기도 했다.

그런데 어찌 된 일인지 행복을 그리 좋아하던 박근혜 정부에서도 행복지수는 개발되지 못했다. 급기야 ≪한국일보≫ 2016년 1월 21일 자에 "삶의 질 향상 지표 삼는다더니. 한국형 행복지수 7년째 무소식"이라는 기사가 떴다. 이명박 대통령 때부터 행복지수 개발을 공식화했지만, 박근혜 정부 들어 유야무야되더니 결국 좌초하고 만 것이다.

경제성장 지상주의의 원조 박정희의 계승자로서 그 정책 기조 또한 전임 이명박 정부와 별반 다르지 않았던 박근혜 정부는, 직접 행복지표 개발에 나서는 순간 자신들이 추진해 온 GDP 중심의 성장 우선 정책을 전면 부정해야 하는 딜레마에 빠졌을 것이라는 추론 또한 가능하다.

3) 문재인 정부

2020년 8월 15일 문재인 대통령은 "모든 국민이 행복을 추구할 권리를 가지는 '헌법' 제10조의 시대가 정부가 실현하고자 하는 궁극적 목표"라고 광복절 축사에서 말했다. 관련 전문은 이렇다.

저는 오늘, 75주년 광복절을 맞아 과연 한 사람 한 사람에게도 광복이 이뤄졌는지 되돌아보며, 개인이 나라를 위해 존재하는 것이 아니라 개인의 인간다운 삶을 보장하기 위해 존재하는 나라를 생각합니다. 그것은 모든 국민이 인간으로서의 존엄과 가치를 가지고 행복을 추구할 권리를 가지는 헌법 10조의 시대입니다. 우리 정부가 실현하고자 하는 목표입니다(연합뉴스, 2020.8.15).

문재인 대통령의 이 메시지는 매우 중대한 의미가 있다. '헌법' 제1조 "한국은 민주공화국이다. 대한민국의 주권은 국민에게 있고 모든 권력은 국민으로부터 나온다"에 근거해 집권한 대통령이, 이제 그 권력을 만들어준 국민들의 인간다운 삶을 보장하겠다고 선언한 것이기 때문이다. 특히 '헌법' 제10조에 명시된 행복추구권을 정부의 최종 목표로 전면에 내세웠다는 점을 눈여겨 볼 필요가 있다. 개인적으로는 이 선언이 좀 늦은 감이 있다고 생각한다.

문재인 대통령은 후보 시절인 2016년 7월 부탄을 방문해 부탄 총리를 만나 국민총행복을 주제로 장시간 대화를 나누었다는 소식이 언론 보도를 통해 알려졌다. 또한 귀국 후 부탄 법전에 나오는 "정부가 국민을 행복하게 해주지 못하면, 정부의 존재 이유가 없다"라는 유명한 글을 자신의 페이스북에 올리기도 했다. 같은 해 10월, 부탄 보건부 장관을 만난 자리에서 "'민주당이 집권하면 부탄의 행복정책을 도입하겠다'고 문 대통령이 말했다"라는 보도(≪한겨레신문≫, 2017.5.15) 등을 접하며 나는 문재인 후보가 집권하면 국민총행복 정책을 전면에 내세울 것이라 기대했다.

이어 문재인 정부가 부탄의 국민총행복과 같은 행복지표 개발에 나선다는 보도(≪경향신문≫, 2017.10.24)를 접하며 정책화에 대한 기대가 한껏 높아졌다. 실제로 한국개발연구원Korea Development Institute: KDI은 한국형 국민총행복 개발 연구에 착수해 2018년 최종 보고서를 발표했지만 그 것으로 끝이었다.

물론 매년 신년사를 통해 국민들의 행복한 삶을 약속하기는 했다. 2018년 신년사에서도 "국가는 국민에게…… 더 행복한 삶을 약속해야 합니다", "국민이 행복할 수 있는 조건과 환경을 만드는 것이 올해 우리 모두가 함께해야 할 일"이라 강조하기도 했다. 같은 해 3월 UAE 국빈 방문 시, 총리와의 접견 자리에서 UAE의 "행복부장관 사례를 참고하라"라고 참모들에게 지시했다는 보도도 있었다(≪news1≫, 2018.3.27). 그러나 실제화한 정책은 아무것도 없었다.

나는 애써 이렇게 이해했다. 촛불혁명과 탄핵 정국, 앞당겨진 대선 일정으로 탄생한 정부이고 그동안 한반도 정세 격변이라는 외교안보적 문제와 경제위기라는 굵직한 현안과 계속 씨름하고 있어, 아직 국민총행복과 행복정책을 전면에 내세우지 못하고 있다고 말이다.

그렇지만 문재인 대통령이 부탄 방문 이후 국민총행복 정책에 깊은 관심을 표명했고, 문재인 정부가 출범 이후부터 양극화와 사회경제적 불평등 해소에 정책의 무게중심을 두고 있다는 점에서 주요 현안이 어느 정도 정리되는 시점에는 국민행복 정책이 가시화될 것이라고 기대하고 있었다.

이런 점에서 늦은 감이 없지 않지만, 2020년 광복절 선언에 큰 의미 부여하고 싶다. 이 선언이 정부 정책 패러다임이 국민총행복으로 전환되는 시발점이 되길 기대한다.

문재인 대통령의 선언이 선언으로 그치지 않으려면, '성장에서 행복으로' 패러다임을 전환했다는 구체적 증거가 실제 정책으로 나타나야 한다. 그런데 이 글을 쓰는 지금까지도 명확한 무엇이 없다, 그저 선언만 있을 뿐!

국민총행복기본법의 제정, 국민총행복위원회의 구성, 행복부(특임장관) 신설, 행복예산제 도입 등 제도로 구체화되고, 예산이 뒷받침되어야 한다. 이에 대해서는 뒤에 다시 이야기하겠다.

문재인 대통령은 2019년 신년사에서 "오늘이 행복한 나라, 한국"을 만들겠다고 약속했다. 국민들은 이 약속이 이행되기를 소망한다. '행복한 나라, 한국'은 특정 정권의 정책 목표가 아니라, 정권이 바뀌어도 어느 정부든 모두 궁극적으로 지향해야 할 목표다.

5 국민총행복기본법을 제정하자

국민총행복위원회와 행복부 특임장관을 신설해야

앞서 말했듯이 2020년 3월 OECD 더나은삶연구소가 발표한 「2020년 삶의 질 보고서」에 따르면, 한국인의 삶의 만족도는 조사 대상인 OECD 국가 중 최저 수준으로 나타났다. 한국인들은 자신의 삶의 만족도에 평균 6.10점을 매겨 조사 대상 33개국 중 32위를 차지했다. 필요할 때 의지할 가족이나 친구가 없다고 한 응답자 비율이 19%로 OECD 평균인 9%보다 2배 이상 높았다. 이는 국민 5명 중 1명이 사회적으로 고립돼 있다는 뜻이며, 세계 최고의 자살률과 연동되는 지표다.

또한 보고서에 따르면 계층별, 남녀 간, 세대 간, 교육수준별 불평등이 OECD 평균 대비 심각한 수준으로 나타나, 사회불평등과 양극화가 우려할 수준을 넘고 있음을 보여준다. 이는 출산·보육·교육 불평등으로 이어져 기회의 불평등으로까지 확대되고 있다. 양극화에 따라 계층·세대 간의 갈등은 더욱 첨예해지고 있으며, 한국 사회 전반에 박탈감과 분노, 차별과 배제의 풍토가 확산되고 있다. UN「세계행복보고서」의 행복국가 순위를 보면 한국은 55~60위 사이를 왔다 갔다 한다.

뉴질랜드가 처음 깃발을 올린 웰빙(행복)예산제는 세계 각국으로 퍼져나가고 있으며, 행복을 국정의 주요 목표로 삼는 나라들이 속속 등장하고 있다. 이렇듯 정부의 정책 우선순위를 결정하고 예산을 책정하는 데 행복을 국가의 주요 지표로 사용하는 것은 이제 세계적으로 보편적인 추세다.

한국도 늦기 전에, 이 추세에 발맞추어 과감하게 정책을 전환해야 한다. 성장지상주의와 결별하고, 국민총행복으로 패러다임을 전환해야 한다. 이는 현 정부에만 요구되는 내용이 아니다. 국민(총)행복은 특정 정권의 정책 목표가 아니라, 어떤 정부든 마땅히 지향해야 할 궁극적 목표가 되어야 하기에 여야가 있을 수 없다. 정부와 국회가 국민행복을 위해 다음과 같은 제도를 도입하는 데 함께 힘 모아주시기를 부탁드린다. 다음은 내가 2020년 3월 19일 자 ≪한겨레신문≫에 기고한 글의 일부다.

국민총행복기본법을 제정하자. 이 법은 헌법 제10조에 규정된 우리 국민의 기본권인 행복추구권을 국가가 보장해야 할 의무가 있음을 재확인하며, 국가와 지방자치단체의 국민총행복을 위한 책무를 정하고 행복정책의 수립·조정, 지원 등에 관한 기본적인 사항을 규정함을 목적으로 한다.

또한 국민총행복위원회를 만들 것을 제안한다. 국민총행복위원회는 대통령을 위원장으로 각 부처 수장들과 각계각층의 국민을 대표하는 사람들이 참여하는 조직으로, 단순한 자문기구가 아니라 최상위 민관협치기구로 또한 모든 정책을 국민행복의 관점에서 심사·의결하는 조직이 되어야 한다.

행복특임장관(행복부)도 신설하자. 행복정책의 수립과 이행 평가의 실효성을 제고하기 위하여 필요하다. 행복특임장관(행복부장관)은 위원회의 부위원장 역할을 수행함은 물론, 단순한 상징적 지위를 넘어 정책과 예산 등과 관련 실효적 권한을 가져야 한다.

마지막으로 행복세를 도입하자. 아직 행복하지 않은 사람들을 위해서도, 부유한 이를 위해서도 행복세는 필요하다. 증세를 통한 재분배를 통해 소득과 부의 불평등을 일정하게 해소함으로써 아직 행복하지 않은 이들의 행복을 제고시킬 수 있으며, 불평등으로 인해 초래될 사회적 비용을 미리 줄일 수 있다는 점에서 또한 필요하다.

6 지방정부 행복정책은 왜 필요한가?

행복지수는 선택이 아닌 필수

2018년부터 중앙과 지방 정부 정책을 추진하는 데 행복지표가 중요하며 필요하다고 역설하니, 공직자들은 물론이고 지방의회 의원들 중에서 "행복은 추상적이고 주관적인 개념인데 이를 어떻게 조사하고 지표로 만든다는 말이냐"라며 고개를 젓는 분들이 있었다. 일반적으로는 주로 식자연하는 이들이 이런 얘기를 마치 당연하다는 듯 종종 내뱉는다. 지금도 이런 경우를 가끔 접한다.

1) 추상적이고 주관적인 행복을 지표로 만든다고?

이런 반응이 유독 우리나라에만 있었던 것은 아닌 듯하다. UN「세계행복보고서」에도 "행복은 개인적 선택에 달린 문제며, 정부 정책의 문제라기보다는 개인이 추구해야 할 어떤 것이라 믿는 이들이 많다. (따라서) 행복은 국가적 목표의 기준으로 삼거나 정책적 내용을 담기에는 지나치게 주관적이며 모호한 것으로 보인다는 주장을 하는 경우가 있다"(삭스·헬리웰·레이어드, 2016: 43)라고 했으니 말이다.

그러나 실제로 많은 나라와 지역에서 이미 오래전부터 이를 조사·측정하고 있는 것을 모르고 하는 이야기 같다. 혹은 부탄처럼 인구가 적고 가난한 나라에서만 시행하는, 우리나라에는 적용 불가능한 특별한 정책으로 알고 있는 경우도 있다.

UN은「세계행복보고서」를 발표하고, OECD는 더 나은 삶의 지수를 발표한다. 이뿐 아니라 총행복지수로 유명한 부탄을 비롯해 영국과 프랑스 등 유럽 국가는 물론이고, 캐나다·호주·일본·태국 등이 일찍부터 행복지수를 개발하여 공공정책의 안내자로 활용하고 있다.

미국의 시애틀시·산타모니카시·버몬트주, 영국의 브리스틀시, 캐나다의 빅토리아시와 크레스턴시 등 도시는 물론이고 일본의 아라카와구와 이와테현 등 선진 각국의 수많은 지방정부 또한 행복지수를 정책의 기초로 삼고 있다.

2) 지방정부들이 앞다투어 행복지수를 조사하는 이유

지방정부들이 앞다투어 행복지수를 조사하는 이유는 "실제 삶에서 문제가 되는 것은 대부분 지방적 수준의 것들"이기 때문이다. "따라서 많은 지방정부가 주관적 웰빙을 측정하고 있으며, 또한 공공정책을 디자인하고 공공서비스를 공급하는 데 행복 연구를 안내자로 활용하고 있다"(삭스·헬리웰·레이어드, 2016: 200).

OECD 보고서는 행복을 측정하기 위해 지역적 관점이 중요하다고 애기한다. 지역과 지방 정부들은 사람들의 삶과 가장 직접적인 관계가 있는 많은 정책에 대해 중요한 책임을 지고 있기 때문이다. 또한 지역 차원에서의 행복 측정은 정책입안자들이 가장 먼저 개선되어야 할 것이 무엇인지 정책 개입의 우선순위를 정하게 하고, 유리한 점과 불리한 점 등을 고려해 공간적 집중도를 더 잘 평가·감시하게 함으로써 정책이 활용할 수 있는 시너지 효과를 확인시켜 정책이 일관성을 유지하도록 돕는다. 또한 지역 행복지수 조사 결과는 일상생활의 조건들과 관련되므로, 그 조사 결과를 토대로 시민들이 자신의 기대와 욕구needs에 부합하는 조치를 취하도록 요구하게 만들 뿐만 아니라, 그렇게 함으로써 긴급한 문제를 처리하는 지방정부의 역량에 대해 주민들이 신뢰하도록 돕는다는 것이다(OECD, 2016: 264).

한편 행복지수와 관련한 또 하나의 오해가 있다. 행복지수 조사를 단순히 사람들의 주관적 행복감을 묻는 조사로 이해하는 경우가 그것이다. 이는 첫 번째 오해, 즉 추상적·주관적 개념을 어떻게 조사하느냐는 물음과 직접 연관되는 내용이다.

앞서 국민총행복을 얘기하면서 행복하려면 소득만이 아니라 건강과 교육, 환경과 문화, 공동체와 민주주의 등이 고르게 발전해야 한다고 했다. 따라서 행복지표는 응답자의 주관적 만족도만 조사하는 것이 아니라 사람들의 행복에 영향을 미치는 여러 가지 요소를 조사한다.

UN「세계행복보고서」는 삶의 만족도 외에 인간의 행복에 가장 큰 영향을 미치는 1인당 GDP, 사회적 관계, 건강 기대수명, 삶의 선택의 자유(자율성), 기부, 부패 인식 등 6가지를 조사한다.

OECD 더 나은 삶의 지수는 이보다 더 세분해 주거와 소득, 고용과 공동체, 교육, 환경, 시민참여, 건강, 안전, 일과 삶의 균형, 삶의 만족 등 모두 11가지 항목을 조사한다. 행복 지표 대부분은 더 나은 삶의 지수 값과 유사하다. 이 조사 결과는 〈그림 4-4〉처럼 꽃잎 형태의 지수 Index Flower로 정리해 시각적으로 명료하게 보여주는데, 꽃잎이 길고 균등하며 완벽한 꽃 형태를 갖추어야 행복하다는 것이다.

〈그림 4-4〉는 2019년에 공개된 한국의 서울과 제주, 호주 퀸스랜드주의 OECD 지역 웰빙OECD Regional Well-Being 조사 결과다. 한국은 모두 7개 권역으로 나눠 조사되었는데, 이 중 서울과 제주만 살펴보겠다. 지수 꽃의 전반적 형태만 봐도 그 지역 사람들의 행복도를 쉽게 짐작할 수 있다. 보이는 것처럼 서울과 제주 모두 들쭉날쭉한 형태지만, 퀸스랜드주의 웰빙 지수는 거의 완벽한 꽃 형태를 보여준다. 퀸스랜드주는 다양한 행복의 조건이 균형 있게 발전해 주민행복도가 높은 지역이지만, 서울과 제주는 그림처럼 각 요소별 편차가 매우 심해 행복도가 낮

그림 4-4

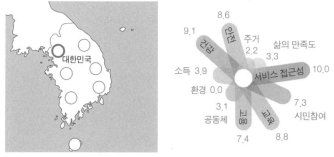

서울시
자료: https://oecdregionalwellbeing.org/KR01.html.

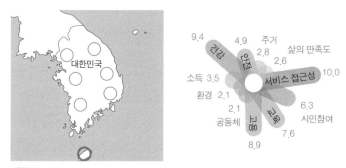

제주도
자료: https://oecdregionalwellbeing.org/KR07.html.

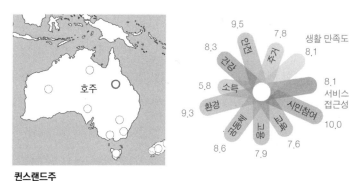

퀸스랜드주
자료: https://oecdregionalwellbeing.org/AU3.html.

OECD 지역 웰빙 조사 결과

은 지역임을 보여준다.

3) 서울과 제주, 어디가 행복할까?

지수 꽃잎의 길이를 보면 어느 분야가 시민의 행복을 저해하며 취약한 분야인지 금방 알 수 있다. 이를 통해 정부가 어떤 분야에 관심을 가지고, 어느 정책에 초점을 맞춰 예산을 편성해야 하는지 판단할 수 있다. 「세계행복보고서」는 다시 강조한다.

행복을 측정하는 1차적 이유는 시민들과 정책입안자들로 하여금 그들의 문제와 기회가 무엇인지, 어려움이 얼마나 잘 해결되고 있는지, 그리고 미래로의 창문이 잘 열리고 있는지 알게 하기 위함이다(헬리웰 외, 2017: 86).

〈그림 4-5〉에서 알 수 있듯이 서울은 초고속 인터넷 보급률과 건강, 교육 등은 OECD 도시 중 상위 도시에 속한다. 그러나 환경(대기오염)은 OECD 최저 수준으로 충격적이게도 10점 만점에 0점이다. 이것이 지금 서울 시민의 행복도를 가장 저해하는 취약한 분야라는 것을 말해준다. 주거도 2.2점으로 주택 문제의 심각성을 알려준다. 이보다 더 심각해 보이는 것이, 자살률과 연동되는 3.1점의 공동체(사회적 지원) 항목이다. 이러한 제반 요소의 총합적 결과라 할 수 있는 '삶의 만족도'를 묻는 질문에, 서울 시민은 평균 6점을 선택해 OECD 도시 중 최저 수준임을 보여주었다.

제주는 어떠한가? 놀랍게도 '세계 환경의 섬'이라 자랑하는 제주의

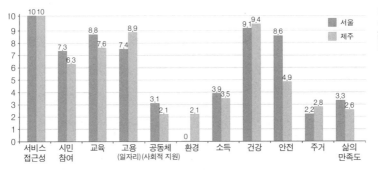

그림 4-5

구분		서울	제주
1. 서비스 접근성	초고속 인터넷 서비스 가구(%)	99.7	98.5
	점수(10점 만점)	10	10
	OECD 기준	상위 5%	상위 5%
2. 시민참여	유권자 투표율(%)	77.5	72.3
	점수(10점 만점)	7.3	6.3
	OECD 기준	상위 39%	상위 48%
3. 교육	중등교육 받은 인력(%)	88.6	81.8
	점수(10점 만점)	8.8	7.6
	OECD 기준	상위 28%	상위 49%
4. 고용(일자리)	고용률(%)	65.2	71.7
	실업률(%)	4.2	2.3
	점수(10점 만점)	7.4	8.9
	OECD 기준	상위 49%	상위 18%
5. 공동체(사회적 지원)	어려울 때 도움 부탁할 이 여부(%)	79.4	76.9
	점수(10점 만점)	3.1	2.1
	OECD 기준	최하위 13%	최하위 9%
6. 환경	시민들이 경험한 지역 평균 PM 2.5 수준(μg/m³)	33	20.8
	점수(10점 만점)	0	2.1
	OECD 기준	최하위 5%	최하위 15%
7. 소득	1인당 가처분 소득(단위: USD)	18.352	16.428
	점수(10점 만점)	3.9	3.5
	OECD 기준	상위 46%	하위 43%
8. 건강	사망률(1만 명당 평균)(단위: 명)	6.1	6
	평균 수명(연)	82.4	82.9
	점수(10점 만점)	9.1	9.4
	OECD 기준	상위 11%	상위 8%
9. 안전	10만 명당 살인율(%)	1.5	4.5
	점수(10점 만점)	8.6	4.9
	OECD 기준	하위 44%	최하위 24%
10. 주거	1인당 평균 룸 수	1.3	1.4
	점수(10점 만점)	2.2	2.8
	OECD 기준	최하위 21%	최하위 25%
11. 삶의 만족도	삶의 만족도(10점 만점)	6	5.8
	점수(10점 만점)	3.3	2.6
	OECD 기준	최하위 22%	최하위 16%

OECD 지역 웰빙 조사 결과

자료: oecdregionalwebing.org에서 인용해 재구성.

환경 점수는 2.1점에 불과하다. 서울보다는 나은 편이지만, OECD 기준으로는 최하위 수준이다. 주거 또한 서울보다는 약간 나은 편이긴 하지만 최저 수준을 밑돈다. 심각한 것은 공동체 지수가 2.1점으로 3.1점인 서울보다도 1점이나 낮다는 것이다. 괸당 문화와 수눌음 문화로 상징돼 온 제주 공동체가 완전히 붕괴되었음을 알려주는 지표다. 이보다 더 심각한 것은, 안전지수가 4.9점으로 8.6점인 서울의 절반에 불과하다는 사실이다. 실로 충격적이다. 도둑과 대문이 없는 삼무로 유명했던 평화의 섬 제주가 그 정체성을 완전히 잃어가고 있음을 보여주기 때문이다. 그래서인지 삶의 만족도도 서울보다 0.7점이나 낮다. 이 지표만 봤을 때 제주 도민들은 서울 시민보다 행복하지 않다! 이는 단순히 소득수준의 차이 때문이 아니다.

OECD 지역 웰빙 조사 결과는 서울시와 제주도가 정책과 예산의 우선순위를 어디에 두어야 하는지 명료하게 보여준다.

4) 정책 수립과 집행의 훌륭한 지침, 행복지수

행복지수는 행복 취약 분야를 도출해 낼 수 있으며 행복 취약계층과 취약 지역 또한 살펴볼 수 있어, 정책의 우선순위를 잡는 데 매우 유익하다. 〈그림 4-6〉처럼 각 지역별로 행복도에 따라 다른 색으로 표시하면, 행복 취약 지역을 전략적으로 손쉽게 관리할 수 있을 뿐 아니라 예산 책정 시 합리적 배분 근거로 삼을 수 있다. 이렇듯 행복지수는 단지 형식적 실태조사로 끝나는 것이 아니라 실제 정책 수립과 집행, 예산 책정 시 훌륭한 지침이 될 수 있다. 따라서 행복지수를 정책의 안내자

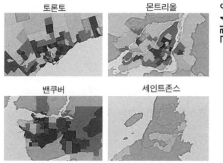

그림 4-6

지역별 행복도 표시 사례

자료: 제6차 OECD세계포럼(인천, 2018) 프레젠테이션 화면.

라고 부르는 것이며, 이는 선택이 아닌 필수이다.

7 지방정부 행복정책 추진 로드맵

지방정부 차원에서 행복정책을 구현해 나가기 위해서는 다음과 같은 과제가 필요하다.

❶ 행복 전담 조직 설치, ❷ 행복조례 제정, ❸ 행복지표 개발, ❹ 행복위원회 구성, ❺ 행복영향평가, ❻ 행복계획의 수립과 시행, ❼ 행복예산(순서대로 진행해야 하는 것은 아니다) 등이 그것이다.

1) 행복정책 구현을 위한 과제

❶ 행복 전담 조직 설치

행복 전담 조직은 이후 이어질 행복조례 제정이나 지표 개발, 위원회 구성 등을 위한 사전/사후 실무 작업을 위해 최우선으로 신설·조직해야 한다. 가능하면 단체장 직속이나 기획조정실 내 행복정책 총괄(전담) 조직을 설치하는 것이 좋다. 광주광역시 광산구는 2019년 10월 전국 최초로 구청장 직속의 행복정책관을 신설했다.

❷ 행복조례 제정

행복조례는 지방정부 차원에서 행복정책을 체계적이고 지속적으로 구현해 나가도록 하는 제도적 뒷받침으로 가장 중요하다. 조례 내용에 행복지표 개발, 행복위원회 구성, 행복영향평가, 기본계획과 연도별 시행계획의 수립·시행, 행복인지예산 등 행복정책을 효과적으로 수행하기 위한 필수 항목이 모두 들어 있기 때문이다. 행복조례는 사실상 자치단체장의 행복정책 추진 의지를 확인할 수 있는 바로미터다. 조례 제정 단계에서부터 의회 및 시민사회와의 협치가 매우 중요하다.

❸ 행복지표 개발

여타의 지표 대다수가 형식적 개발에 그치고 있으나, 행복지표 개발은 형식적 개발에 그쳐서는 안 된다. 반드시 그 결과를 실제 정책에 반영해야 한다. 제대로 하면 행복하지 않은 계층과 지역 등을 식별해 맞춤형 정책 추진이 가능하다. 이를테면 공공 예산 투입 기준을 행복유지지역·행복개선필요지역·행복개선시급지역 등 지역별로 나누거나, 청소년·노인·여성 등 세대별로 취약계층에 대한 복지 서비스 등을 연계해 관리할 수 있다(변미리·민보경·박민진, 2017). 조례 제정 이전에 먼저 지표를 개발할 수도 있다. 지표 개발을 용역기관에 맡겨버리는 관행에서 탈피해 지표 개발 단계에서부터 민·관·학 거버넌스 프레임워크를 작동시켜야 한다.

❹ 행복위원회 구성

현재 자치단체별로 각종 위원회가 있으나 대부분 단순히 자문기구에 그치거나 유명무실하게 운영되고 있다. 행복위원회는 해당 지방정부의 최상위 협치 기구로 자리매김해야 하며, 부탄 국민총행복위원회처럼 중앙과 지방 정부의 제반 정책과 프로젝트들을 평가하는 권한이 주어져야 한다. 행복조례 제정 시 가장 명심해야 할 내용이다. 부탄은 2008년 국왕 직속의 국민총행복위원회를 설치했으며, 총리가 당연직 위원장을 맡고 있다. 한국의 경우 민관 공동 위원장 체제가 바람직해 보인다.

❺ 행복영향평가

행복영향평가는 지역 차원의 최상위 정책 평가 툴Policy Screening Tool 이다. 현재 경제적 타당성(예비타당성 등) 외에 환경영향평가, 문화영향평가, 인권영향평가 등이 시행되고 있는데, 이를 행복지표와 연계해 추가 구성하여 종합적 행복영향평가 틀을 만들어야 한다. 그 기초는 행복지표가 될 것이다. 이 툴이 만들어지면 제반 정책의 부서별 자체 행복영향평가를 거쳐 행복위원회 산하 행복영향평가위원회 등에서 각종 계획을 심의한다.

❻ 행복계획 수립·시행과 모니터링 체계 구축

주민행복을 시정의 핵심 운영 원칙으로 설정하는 행복 기본계획과 실시계획을 수립하고 시행한다. 부문별 기본계획과 행복지표와의 연계성을 강화하고, 행복지표 평가·분석을 통해 정책의 우선순위를 선정한다. 또한 행복계획을 지속적으로 모니터링해 주민행복도 현황을 체계적으로 진단한다.

❼ 행복예산

행복계획 과제를 실현하려면 행복예산을 편성해야 한다. 행복계획과 행복예산은 행복지표 개발과 조사 결과에 근거해 수립되어야 한다.

2) 행복정책은 지역에서부터

정확한 데이터 분석에 따른 것은 아니지만, 지방자치가 부활한 이후 전국의 자치단체가 내세운 슬로건이나 시정 목표에 가장 많이 사용되는 단어가 '행복'이 아닌가 한다. '행복도시○○' 혹은 '행복○○시(군)' 등이 그러하다. 그도 그럴 것이 행복은 빈부와 세대, 진보와 보수를 막론하고 모든 이들이 좋아하는 단어이기 때문이다. 실제로 민선 7기 226개 지자체 중 40%가 넘는 92개 지방정부의 키워드가 행복이었다.

그런데 정작 행복을 얘기하며 이를 구체적인 정책으로 연결시킨 경우는 드물다. 일부 분야에서 정책으로 실행한 경우는 있으나, 모든 자치행정 분야를 관통하는 총괄 정책으로 기능한 경우는 거의 없다.

행복을 단지 선언적 의미, 시민들에게 좋게 인식되는 추상적 슬로건

이상의 것이 아니라는 판단에서 채택한 경우가 대부분이다. 이명박 정부가 10년 전 행복지수 개발을 처음 천명한 것이나 박근혜 대통령이 "국민행복 시대를 열겠다"라고 입버릇처럼 외친 것만 보아도 알 수 있다.

'모두를 위한 행복'은 '국민총행복'이라는 개념과 연결된다. 그중에서도 '가장 행복하지 않은 사람들'을 행복하게 하는 것이 정책의 가장 중요한 목표가 되어야 한다는 것에 주목해야 한다.

특히 강조할 것은 거버넌스다. 아무리 좋은 제도라 해도 시장, 군수가 '나를 따르라'는 식으로 하는 것은 곤란하다. 특히 행복정책의 실효성을 담보하려면 주민과의 협치가 매우 중요하다. 단체장의 확고한 의지에 지방의회와 지역 주민의 협치가 더해지면 더할 바 없을 것이다.

주민이 살고 있는 현장, 지방에서 행복 실감의 꽃을 피울 때 헬조선은 '행복한 나라 한국'으로 바뀔 수 있을 것이다. 2018년 10월 창립한 행복실현지방정부협의회의 활동에 기대하는 이유가 바로 여기 있다.

8. 행복조례 표준안[○○시 시민총행복 조례(안)]

이 표준안은 2018년 8월 16일, 서울시의회 서윤기 의원이 대표 발의한 '서울특별시 시민행복 증진 조례안'을 참고하여 만들었다.

제1조(목적) 이 조례는 ○○시민 총행복 실현을 위해 필요한 사항을 규정함으로써, 한국 헌법(제10조)에 규정된 국민의 기본권인 행복추구

권을 지역 차원에서 앞장서 실현하고, '아직 행복하지 않은 시민들'의 행복실현에 기여하여, 행복한 지역 공동체를 만드는 것을 목적으로 한다.

제2조(정의) 이 조례에서 사용하는 용어의 뜻은 다음 각 호와 같다.

1. "행복"이란 ○○시(이하 "시"라 한다)에 거주하는 시민(이하 "시민"이라 한다)이 지역사회의 일원으로서 일상생활에서 체감하는 삶의 기쁨과 만족의 상태를 말한다.

2. "총행복"이란 지역사회 구성원 모두의 행복을 뜻하며, 행복을 위해서는 물질적 조건뿐 아니라 건강, 교육, 환경, 문화, 여가, 거버넌스 등 다양한 요소들이 균형 있게 발전해야 한다는 것을 뜻한다.

제3조(기본원칙) ① 시는 모든 시민이 행복한 삶을 영위할 수 있는 제도와 환경을 조성한다.

② 시는 시민 개개인의 행복과 시민 전체의 공동체적 가치가 조화를 이루도록 한다.

③ 시는 시민총행복 실현을 위한 각종 정책이 지역적 특성을 고려하여 형평성과 균형성을 유지하도록 한다.

제4조(시장의 책무) ① 시장(이하 "시장"이라 한다)은 시민총행복 실현을 위하여 종합적인 정책을 발굴·수립, 추진하여야 한다.

② 시장은 시민총행복 실현을 위한 각종 정책을 수립·추진할 때 시민 참여 기회를 확대하고 시민 의견을 적극 반영한다.

③ 시장은 시민총행복 실현을 위한 제반 정책 추진에 필요한 행·재정적 지원을 해야 한다.

제5조(다른 법령 등과의 관계) 시민의 총행복 실현에 관하여 다른 법령이

나 조례에 특별한 규정이 있는 경우를 제외하고는 이 조례가 정하는 바에 따른다.

제6조(기본계획의 수립) ① 시장은 시민총행복 실현을 위한 기본계획(이하 "기본계획"이라 한다)을 4년마다 수립·시행한다.

② 기본계획에는 다음 각 호의 사항을 포함한다.

    1. 시민총행복 실현 기본 이념 및 방향

    2. 시민총행복 실현을 위한 추진 목표 및 추진 전략

    3. 시민총행복 실현을 위한 분야별 주요 정책 및 추진체계

    4. 시민총행복 실현을 위한 협력체계 구축방안

    5. 기본계획 시행을 위한 재원조달 방안

    6. 행복지표 개발과 행복영향평가 실시계획

    7. 지역별, 분야별, 세대별 행복격차 해소방안

    8. 그외 시민총행복 실현을 위해 필요한 사항

③ 시장은 기본계획을 수립하는 경우에는 시민, 전문가 등의 의견을 수렴하고 그 의견이 반영되도록 노력해야 한다.

④ 시장은 기본계획을 수립·시행하는 때에는 시의 주요 정책과 체계적으로 연계되도록 해야 한다.

제7조(시행계획의 수립) ① 시장은 제6조의 기본계획에 따라 매년 시민총행복 실현을 위한 시행계획(이하 "시행계획"이라 한다)을 수립·시행한다.

② 시장은 해당연도 시행계획의 추진실적을 종합 평가하여 다음연도 시행계획에 반영해야 한다.

③ 시행계획의 수립·시행에 필요한 사항은 규칙으로 정한다.

제8조(행복지표 등) ① 시장은 시민총행복 실현을 위해 시 특성에 맞는 행복지표를 개발하여야 한다.

② 시장은 행복지표의 개발과정에 시민이 참여할 수 있도록 하고, 그 의견을 행복지표에 반영한다.

③ 시장은 개발된 행복지표를 이용하여 시민의 행복지수를 정기적으로 측정, 공표하고 그 결과를 다음연도 시행계획에 적극 반영해야 한다.

제9조(행복영향평가) ① 시장은 정책을 수립하거나 사업을 추진할 때, 그 계획이 시민의 행복에 중대한 영향을 미칠 수 있다고 판단되는 경우, 그 계획이나 사업이 시민 행복에 미치는 영향을 분석·평가(이하 "행복영향평가"라 한다)해야 한다.

② 행복영향평가의 대상·방법·시기 등에 필요한 사항은 규칙으로 정한다.

제10조(행복인지 예산) ① 시장은 시의 예산이 시민의 행복에 미치는 영향을 분석하고 이를 재정운용에 반영하는 행복인지 예산을 실시하여야 한다.

② 시장은 행복인지 예산에 필요한 기준 등을 제시하기 위하여 행복지표를 활용할 수 있다.

제11조(시민행복위원회 설치 및 기능) ① 시장은 시정 전반의 행복정책을 추진하기 위하여 시민행복위원회(이하 "위원회"라 한다)를 둔다.

② 위원회는 다음 각 호의 사항을 심의·자문한다.

1. 기본계획 및 시행계획의 수립·변경
2. 행복지표 작성 및 행복지수 활용
3. 행복영향평가 심의
4. 기본계획 및 시행계획 추진 상황 점검

5. 그 밖에 시민총행복 실현에 관하여 필요하다고 인정되는 사항

③ 위원회의 구성 및 운영에 필요한 사항은 규칙으로 정한다.

제12조(협력체계 구축) 시장은 시민총행복의 효과적 실현을 위해 국내·외 관련 기관이나 단체·대학 등과 공동으로 사업을 추진하거나 협력할 수 있다.

제13조(시행규칙) 이 조례의 시행에 필요한 사항은 규칙으로 정한다.

부칙

이 조례는 공포한 날부터 시행한다.

5장

에필로그

바오로가 다마스쿠스 도상에서 회심하듯

그러고 보니 인생사 자기 생각대로 되는 일이 별로 없다. 내가 행복을 주제로 글을 쓰게 될 줄이야, 정말 상상조차 하지 못했던 일이다. 10년 전 미국의 국립공원을 주제로 글을 쓸 때도 그랬다. 혁명을 고민하던 젊은 시기에 행복을 얘기하면 '뭔 한가한 소리?', '행복을 추구하는 것은 자기중심적이고 이기적인 삶이 아닌가' 생각했다. 긍정보다는 비판과 투쟁에 익숙해 있던 시기이기에 그때는 당연한 일일 수도 있었겠다고 생각한다. 아니, 젊은 시절만이 아니라 몇 년 전, 행복에 대한 공부를 시작하기 전까지도 비슷한 생각을 한 듯하다.

필연은 우연의 옷을 입고 나타난다던가. 바오로가 다마스쿠스 도상에서 그분을 만나 회심하듯, 3년 전 부탄과 코스타리카를 다녀오고 행복 공부를 시작하면서 생각이 바뀌었다. 더 멀게는 6년 전 산티아고 순례길 경험도 일정하게 영향을 끼쳤다. 행복이 순간적 쾌락과는 다른 인생 전체를 관통하는 목표이며, 이것이 근본적으로 '관계'에 기초한다는 것을 알게 되면서부터다.

삶의 목적은 행복이며, '人'(사람 인) 자가 보여주듯 인간은 서로 기대고 살아갈 수밖에 없는 존재이다. 성현들은 행복하려면 서로 사랑하고 자비심을 가져야 한다고 가르치고 있음을 새삼 깨달았다. 행복은 기본적으로 '함께 행복', '공공행복'이라는 것도 알게 되었다.

내가 이 글을 쓴 결정적인 이유는 부탄과 코스타리카가 아니다. 그곳을 방문한 것이 직접적 계기가 된 것은 사실이지만, 근본적인 이유는 바로 세계 최고의 자살률과 관련한 자료를 접하고 나서다. 현재 국민소득이 3만 달러를 넘어섰고, 세계 10위권 경제대국인 한국의 자살률이 세계 최고 수준이라니, 한국이 헬조선이 아닌 바에야 이런 결과가 나올 수 있겠나 하는 문제 제기에서 비롯된 것이다.

일단 멈추고 돌아봐야

진정한 해법을 찾으려면 '일단 멈춰야' 한다. 일단 멈추고 '돌아봐야' 한다. 과거를 성찰하며 '다시 생각하기'를 해야 한다는 말이다. 먼저, 그동안 우린 우상에 빠져 있지 않았는지 들여다봐야 한다. GDP만 올라가면, 대규모 개발만 하면, 관광객만 많이 오면 행복해질 것이라는 우상 말이다. 종종 생각은 하지만, 그 중독 증세가 너무 심해 빠져 나오기 쉽지 않다.

서은국 교수는 행복의 가장 강력한 결정 요인으로 '외향성'이라는 유전적 특성을 든다. 그는 『행복의 기원』에서 "행복은 객관적 삶의 조건들에 크게 좌우되지 않는다"라고까지 강조했다. 나처럼 내성적 성격인 사람들에게는 매우 절망적인 결론이다.

중남미 국민들의 행복도가 높은 이유는 원래 낙천적인 인종적 특성 때문이며, 한국을 비롯한 동아시아 국가 사람들은 인종적 또는 유전적으로 낙천적이지 못하다는 것이다. 서 교수의 주장이 사실이라면 동아시아인들은 행복도를 높이기 위해 몇 배나 더 노력해야 한다.

그러나 우리 민족이 원래 음주가무를 좋아하던 민족이었다는 사실로 미루어, 원초적인 인종적 특징보다는 기후·지리적 조건과 사회경제적 배경, 지난한 역사 속에서 체화된 특성이 크게 작용하는 것으로 보인다.

물론 서 교수도 인종적 특징보다 "동아시아 국가 모두 강한 물질적 가치를 지향하는, 세계에서 가장 물질적 지역 중 하나"(서은국, 2018.12.6: 10)라고 강조한다. 이러한 물질주의가 사회적 고립과 관용의 부족, 부패 등을 낳아 행복도를 저하시키고 있다는 것이다.

우리 국민이 불행한 이유가 과도한 물질적 가치 지향 때문이라는 해석에는 전적으로 동의한다. 궁금한 것은 왜, 언제 이런 물질주의에 빠지게 되었느냐는 것이다. 원래 동아시아권은 세계 어느 지역보다 정신세계(유교 + 불교)를 강조하던 곳이 아니었던가.

한편 유교문화에서 파생된 집단주의 또한 문제가 된다. 자유로운 개인들의 연합체로서 공동체 사회를 유지해 가는 북유럽 국가와 달리, 개인의 자유보다 집단성을 중시하는 사회가 동아시아 국가의 보편적 특징이다. 우리나라는 유교문화에다 군사문화까지 결합되어 그러한 특징이 더 증폭됐을 가능성이 있다.

즉 한국은 물질주의와 집단주의 이 2가지가 결합되어 행복하지 못하다는 것이다. 그럼 다시 물어보자. 한국에서는 물질주의와 집단주의가 왜 발생했고, 언제부터 심화되기 시작했을까? 또한 한국에서 이념과 관련한 사회 갈등은 왜 이리 심각한 것일까?

이에 대해 국민총행복전환포럼의 박진도 이사장은 1960년대 이후 한국 사회를 지배해 온 담론인 '성장지상주의'가 가장 큰 이유라고 주장한다. '경제는 무한히 성장한다 → 경제가 성장하면 모든 것이 해결되고 살기 좋아진다 → 그러므로 경제성장을 위해서는 다른 것들은 희생해야 하거나 희생해도 좋다'라는 논거가 그것이다.

이념적 갈등과 관련해서는 식민지 경험과 내전(6·25 전쟁)으로 인한 집단적 트라우마 경험과, 전체주의적 독재사회 경험이 일정하게 영향을 미친 것 같다.

그러나 TV 드라마 '응답하라' 시리즈에 국민이 열광했듯이, 전근대적 착취와 제국주의 수탈, 전쟁의 참화, 독재시대를 겪으면서도 우리 국민은 사회적 자본과 공동체를 유지해 왔다. 그렇다면 협동과 공동체의 미학이 사라지고 살벌한 경쟁과 각자도생의 사회로 전락하고 만 시기는 언제였을까? 서로 품어주고 고통을 나누었던 마을뿐 아니라 심지어 가족까지 해체되기 시작한 결정적 시기는 언제였던가?

바로 IMF 구제금융을 요청했던 1997년이다. 이때부터 소득불평등, 자산불평등, 교육불평등 등 불평등이 확대·고착화되고, 사회적 자본이 바닥을 치기 시작했다. 그 이전 시기까지는 경제적으로 힘들어도, 불평등 수준이 그다지 높지 않아 공동체가 유지되어 왔다. 계층이동의 희망도 있었다. 그러나 이 시기부터 각자도생 사회가 도래했다. 사회적 신뢰는 반토막이 났다. 공정으로 포장된 능력주의가 판치게 되었다. 말 그대로 헬조선이 도래하기 시작한 것이다.

헬조선에서 탈출하기 위한 근본 해법은?

그렇다면 어찌할 것인가? 헬조선에서 모두 함께 행복한 한국을 만들기 위해서는 무엇을 해야 할까? '돌아보기' 다음은 '둘러보기'다. 우리가 처해 있는 상황을 냉정하게 진단하고 해외의 선진 사례를 두루 살펴봐야 한다. 그다음 반성하고 배워서 미래를 통찰하는 '내다보기'를 해야 한다.

이런 점에서 앞서 살펴본 행복한 나라의 8가지 공통점은 우리를 둘러보고 내다보는 데 적지 않게 도움이 될 거라 확신한다. 평등과 사회적 신뢰, 무상의료와 무상교육 등 보편적 복지제도 등이 그러하다.

이러한 행복의 조건들은 서로 긴밀하게 연동되어 작동한다. 사회경제적으로 평등하므로 사회적 신뢰가 높고 그렇기 때문에 보편적 복지제도 도입이 쉽다. 사회적 신뢰가 높기에 평등하며 복지제도 도입도 어렵지 않다. 강력한 복지제도와 사회적 안전망 덕분에 사회적 신뢰도 높고 평등의식도 강하다. 이 중에서도 핵심은 사회경제적 평등이다.

인간의 본성인 질투를 분출하게 하는 행복의 주적은 불평등이다. 따라서 국민들을 행복하게 하려면 이 불평등 해소를 모든 정책의 일차적 목표로 삼아야 한다. 평등은 계급 담론이 아니라 행복 담론이다! 이를 위해 정부는 국민들에게 기회의 평등을 보장해야 한다. 무상의료와 예방의료 등의 공공의료, 평등교육을 핵심으로 하는 무상교육이 바로 그것이다.

구체적인 경로와 방법 제시는 전문가 몫으로 넘기지만 이것만은 얘기하고 싶다. 한국 사회의 불평등 문제를 해결할 핵심 키는 바로 교육이라는 것이다.

마이클 샌델Michael Sandel은 『공정하다는 착각The Tyranny of Merit』에서 현 미국 사회를 진단하며, 능력이 곧 정의의 척도인 시대를 살고 있지만 능력주의는 모두에게 공정한 기회를 제공하고 있지 않고 있다고 고발한다. 겉으로는 공정한 것 같지만 실상은 착각이며, 오히려 폭압적이라는 것이다.

조희연 교육감은 이 책을 추천하는 글에서 한국 사회를 '성적 기반 능력주의 사회'로 진단한다. 수능과 내신 등 성적에 기초해 사람들의 능력을 서열화하고 그에 따라 보상을 차등화하는 사회체제라는 것이다(샌델, 2020: 353).

조귀동은 한 걸음 더 나아가 이렇게 교육을 기반으로 한 능력사회를 표방하는 한국 사회를 '세습중산층 사회'로 규정한다. 세습중산층 자녀들은 명문대라는 학벌과 외국어 능력 등을 가지고 노동시장에 진출해 1차 노동시장을 독식하고 있다는 것이다(조귀동, 2020: 289). 즉 상위 10%가 주도하는 기울어진 운동장이므로, 입시 제도를 아무리 '공정'하게 바꾼다 해도 세습중산층의 대학 선발 시스템을 이용하는 능력을 따라잡을 수 없다고 주장한다.

존 롤스는 정의를 실현하려면 '사회적 운의 중립화'가 필요하다고 강조했다. 학벌이나 경제력 좋은 부모나 가정을 만나 사회적 지위 등에서 혜택을 보는, 사회적 운의 많고 적음에 관계없이 자신의 능력을 개발하는 데 필요한 정도의 교육을 받아야 하며, 인간다운 삶을 영위할 수 있도록 신체적 건강을 지속적으로 유지하는 데 필요한 의료혜택을 받아야 한다는 것이다(황경식, 2020: 35~37).

마이클 샌델은 '능력주의적 신념' 대신 '공동선common good'을 길러야 한다면서 이를 위해서는 "사회 속에서 우리 자신을, 그리고 사회가 우리 재능에 준 보상은 우리의 행운 덕이지 우리 업적 덕이 아님을 찾아내는 것이 필요하다"라고 역설한다. '인지'와 '겸손'(사회적 약자에 대한 연대의식)이 필요하다는 것이다(샌델, 2020: 353).

급기야 샌델은 제비뽑기식으로 대학 입학생을 선발하자는 파격적인 주장까지 하고 있다. 얼마나 답답했으면 이런 비현실적인 주장까지 하게 됐을까 이해하지만, 그만큼 이 문제의 실타래를 풀기가 매우 어렵다는 것을 반증한다.

조귀동은 현재 한국에 필요한 것은 양보와 공정이 아니라 기회의 평등을 위한 의무와 공평이라고 얘기한다. 시작 단계에서부터의 공평이 필요하며, 세습중산층이 이를 위한 경제적·사회적 의무를 부담할 필요가 있다는 것이다. 이를테면 기회의 평등의 중요한 구성 요소 중 하나인 공공 보육이나 공교육을 영유아기에서부터 강화해야 하며, 노동시장의 변화에서 밀려날 수밖에 없는 이들에게 패자부활의 기회를 주고 그들이 최소한의 인간다운 품위를 유지할 수 있도록, 상위 10퍼센트 중상위층에 대한 과세를 강화할 필요가 있다고 주장한다(조귀동, 2020: 290~292).

'교육'만 얘기하면 모두가 전문가이며, 백가쟁명이다. 수년 동안 교육 문제에 관해 논쟁해 왔어도 합의된 해법이 없다. 분명한 것은 현재 공정한 교육 기회 제공이라는 명분하에 한국 사회에서 여론의 지지를 받고 있는 정시확대론은 기회의 불평등을 해결하는 근본적 해법이 되지 못한다는 사실이다.

구체적인 경로와 방법 제시는 전문가 몫으로 넘기지만 이것만은 얘기하고 싶다. 공정으로 포장된 성적 만능 능력지상주의를 조장하는 현 대학 입시제도 등 불평등한 교육제도를 바꾸지 않는 한, 근본적으로는 의사나 변호사 등 이른바 전문가 집단의 소득이 버스 기사의 소득보다 몇 배나 더 높은 소득불평등을 개선하지 않는 한, 모두 함께 행복한 한 국을 만들기는 어렵다.

이것이 국민의 행복을 위해, 기회의 평등을 위해 정부가 풀어야 할 기본 과제다. 코로나19 팬데믹 상황에서 벌어진 의사들의 집단행동을 목격하며 그 필요성과 당위성을 더욱 절감한다. 환경 문제는 두말할 필 요도 없다. 기후변화 시대를 사는 지구촌 공통의 절체절명의 과제이기 때문이다.

아직도 최빈국에 속하지만 세계 최고의 행복국가라 불리는 부탄, 이 나라에서 국정 운영의 기본 철학을 배웠으면 좋겠다. 부탄은 지난 2010년 세계적인 컨설팅 그룹인 매킨지로부터 용역 보고를 받았다. 용 역의 핵심은 이랬다. 당시 부탄을 여행하려면 하루에 200달러를 내야 했다. 이 중 65달러는 세금이다. 나머지는 숙식, 교통, 가이드 등 정부 가 지정해 분배하는 여행 비용이다. 이렇게 거둔 세금은 부탄 국민들의 무상교육, 무상의료에 사용된다. 매킨지는 이 세금을 없애고 신공항을 만들 것을 제안했다. 그러면 당시 2만 7000명에 불과하던 관광객을 일 거에 10만 명으로 늘릴 수 있을 것이라 하면서 말이다. 혹할 만한 제안 아닌가? 그런데 놀랍게도 부탄은 오히려 여행 비용을 250달러로 인상 해 버렸다. 부탄의 수용 능력과 60만 명의 적은 인구를 감안할 때 지속 불가능하고 바람직하지 못한 정책이라는 야당 지도자 체링 토브가이 Tshering Tobgay의 비판 의견을 수용한 것이다(Napoli, 2013: 311).

코스타리카로부터는 '평화의 소프트파워'를 배웠으면 좋겠다. 코로나19 팬데믹 국면에서 K-방역으로 한국의 국격이 높아지고 국력이 상승했다. 군사력이 높아서 국민소득이 높아져서 그런 것이 아니다. 바로 소프트파워의 힘이다. 코스타리카는 평화와 인권을 국가의 대표 상품으로 개발해 세계적인 평화국가로 만들었다. 국방비에 쓸 돈을 기회의 평등을 위한 의료와 교육, 사회복지에 사용해 국민들의 행복에 기여하고 있다. 우리 또한 동아시아 평화의 중심 국가로 자리매김할 수 있다고 본다. 민족의 통일을 위해서가 아니라 남북한 국민들의 행복을 위해서다.

북유럽의 복지제도도 적극적으로 도입했으면 좋겠다. 흔히 북유럽은 인구 규모가 작고 인종적 동질성이 강해 복지사회를 건설하기 쉬웠다는 오해가 있다. 하지만 「세계행복보고서」가 보여주듯 인구 규모와 삶의 만족도 간에는 어떠한 상관관계도 없다. 북유럽 국가는 소득불평등이 낮기로 유명하다. 삶의 선택의 자유도 높다. 타인에 대한 신뢰도와 사회통합을 위한 공동체 의식도 높다. 강력한 복지 혜택으로 국민들의 행복을 제고한다. 보편적 복지에, 평등 정신을 관철시키고 있다. 특히 북유럽 국가의 노동, 사회복지 정책은 가족과 공동체를 유지하기 위한 것임을 눈여겨 볼 필요가 있다.

글을 맺으며

헬조선에서 행복 대한민국이 되려면 '성장 중독'에서 벗어나 '국민행복'으로 패러다임을 전환해야 한다. 문재인 대통령이 취임사에서 밝힌 '기회는 평등하게, 과정은 공정하게, 결과는 정의롭게' 하겠다는 목표는 여전히 유효한 담론이다. 국민 또한 과도한 물질주의와 경쟁을 지양하고 더불어 사는 삶을 향해 나아가야 한다. 특히나 사회 갈등이 심한 요즘 정치적·종교적·성적 입장의 다름을 존중하고 포용하여 사회적 신뢰와 공동체를 회복해야 한다.

이 모든 것은 사람이 하는 일이다. 행복한 나라의 국민은 신뢰받는 정치지도자를 만나 행복을 누리고 있다. "인간적 삶과 행복에 대한 돌봄은, 좋은 정부의 유일한 목표"라는 제퍼슨의 말을 정치 지도자들은 항상 마음에 새겨야 한다. 갈등의 한국 사회에 요구되는 시대정신은 통합이다. 향후 정치 일정은 통합의 정치를 잘 실현할 지도자들을 뽑는 과정이었으면 좋겠다.

나는 심리학자도 아니며 행복경제학자도 아니다. 행복을 전문적으로 연구한 전문가도 아니다. 모두 함께 행복한 한국을 꿈꾸는 소시민의 한 사람으로, 그동안 틈틈이 써온 행복 노트를 모아 세상에 내놓는다. 함께 꿈을 꾸면 현실이 된다는 것을 믿으며……

예정에 없던 산티아고 길을 걷게 도와준 제주의 여러 지인들, 부탄과 국민총행복의 세계로 인도해 주신 국민총행복전환포럼 박진도 이사장님과 김제선 경기도 평생교육진흥위원장, 귀중한 코스타리카 탐방 기회를 제공해 주신 송경용 신부님께 깊이 감사드린다. 또한 행복 노트 수준의 부족한 글을 출판해 주신 한울엠플러스(주)에 감사의 마음을 전한다.

마지막으로, 30년 넘게 씩씩하게 내 곁을 지켜주고 있는 아내 김경희에게 이 책을 바친다.

참고문헌

1. 단행본

강충경. 2018. 『핀란드에서 찾은 우리의 미래』. 맥스.

경향신문 특별취재팀. 2016. 『아이슬란드에서는 행복을 묻지 않는다』. 경향신문.

나폴리, 리사(Lisa Napoli). 2013. 『행복한 라디오』. 김유미 옮김. 수이북스.

라우센, 에밀(Emil Lavsen). 2018. 『상상 속의 덴마크』. 이세아 옮김. 틈새책방.

러셀, 버트란드(Bertrand Russell). 2005. 『행복의 정복』. 이순희 옮김. 사회평론.

레이어드, 리처드(Richard Layard). 2011. 『행복의 함정』. 정은아 옮김. 서북하이브.

레이어드, 리처드·우성대 외. 2017. 『행복의 인문학』. 강만철 외 편역. 간디서원.

뤼달, 말레네(Malene Rydahl). 2015. 『덴마크 사람들처럼』. 강현주 옮김. 마일스톤.

를로르, 프랑수아(François Lelord). 2004. 『꾸뻬 씨의 행복 여행』. 오유란 옮김. 오래된미래.

리키야, 아다치(足立力也). 2011. 『군대를 버린 나라』. 설배환 옮김. 검둥소.

박진도. 2017. 『부탄 행복의 비밀』. 한울엠플러스.

벤-샤하르, 탈(Tal Ben Shahar). 2007. 『하버드대 행복학 강의-해피어』. 노혜숙 옮김. 위즈덤하우스.

부스, 마이클(Michael Booth). 2018. 『거의 완벽에 가까운 사람들』. 김경영 옮김. 글항아리.

삭스, 제프리(Jeffrey Sachs)·존 헬리웰(John Helliwell)·리처드 레이어드(Richard Layard). 2016. 『세
　　계행복지도』. 우성대 옮김. 간디서원.

샌델, 마이클(Michael Sandel). 2020. 『공정하다는 착각』. 함규진 옮김. 와이즈베리.

서은국. 2014. 『행복의 기원』. 21세기북스.

서은국. 2018.12.6. 「동아시아인들은 왜 행복하지 않을까?」. 『도시에서 우리는 행복한가』(컨퍼런스
　　자료집). 서울연구원.

스티글리츠, 조지프(Joseph Stiglitz) 외. 2011. 『GDP는 틀렸다』. 박형준 옮김. 동녘.

오연호. 2014. 『우리도 행복할 수 있을까』. 오마이북.

오케르스트룀, 롤라(Lola Åkerström). 2017. 『라곰』. 하수정 옮김. 웅진 지식하우스.

자마니, 스테파노(Stefano Zamagni)·루이지노 브루니(Luigino Bruni). 2015. 『21세기 시민경제학의
　　탄생』. 제현주 옮김. 북돋움.

조귀동. 2020. 『세습중산층 사회』. 생각의 힘.

파르타넨, 아누(Anu Partanen). 2017. 『우리는 미래에 조금 먼저 도착했습니다』. 노태복 옮김. 원더박스.

프라이, 부르노(Bruno Frey). 2015. 『행복, 경제학의 혁명』. 유정식·홍훈·박종식 옮김. 부키.

하수정. 2012. 『올로프 팔메』. 폴리테이아.

헬리웰, 존(John Helliwell) 외. 2017. 『행복의 정치경제학』. 우성대 외 편역. 간디서원.

황경식. 2020. 『존 롤스 정의론』. 쌤앤파커스.

Layard, Richard·John Helliwell·Jeffrey Sachs and Jan-Emmanuel De Neve. 2020. *World Happiness Report 2020*. SDSN.

2. 논문과 보고서

심수진·이희길. 2018. 「우리는 얼마나 행복할까」. ≪통계플러스≫, 가을호.

이영효. 2017. 「미국독립선언서와 행복추구권」. 한국미국사학회. ≪미국사연구≫, 제46집.

임상래. 2016. 「식민지의 조건과 국가 발전:코스타리카 '성공'의 역사적 성격을 중심으로」. 한국외국어대학교 중남미연구소. ≪중남미연구≫, 제35권 4호.

변미리·민보경·박민진. 2017. 『서울형 행복지표 구축과 제도화 방안』. 서울연구원.

정해식 외. 2019. 『한국인의 행복과 삶의 질에 관한 종합 연구: 국제 비교 질적 연구를 중심으로』. 한국보건사회연구원.

OECD 한국 정책센터. 2016. 『How's Life? 2015: 웰빙의 측정』.

Christian Krekel and Geoge Mackerron. 2020. "How Environment Quality Affects Our Happiness." *World Happiness Report 2020*, Chapter 5. SDSN.

Frank Martela. Bent Greve. Bo Rothstein. Juho Saari. 2020. "The Nordic Exceptionalism: What Explains Why the Nordic Countries Are Constantly Among the Happiest in the World." *World Happiness Report 2020*, Chapter 7. SDSN.

3. 웹 자료

강남순. 2020.7.11. "한 사람의 죽음 앞에서, 열광적 '순결주의'의 테러리즘." facebook, https://www.facebook.com/kangnamsoon/posts/3963183963710612 (검색일: 2020.9.22).

강남순. 2020.7.20. "'성찰적 비판'과 '냉소적 폄하'의 경계에서." https://www.facebook.com kangnamsoon/posts/4008232572539084 (검색일: 2020.9.22).

국립국어원 표준국어대사전. https://stdict.korean.go.kr/ (검색일: 2020.9.19).

「로마서」 12장. 『공동번역성서』. https://bible.cbck.or.kr/Ncb/Rom/12 (검색일: 2020. 9.23).

「마태오복음」 5장. 『가톨릭 성경』. https://bible.cbck.or.kr/Knb/Mt/5 (검색일: 2020. 9.23).

서윤기 대표 발의. 2018.8.16. '서울특별시 시민행복 증진 조례안'.

"스웨덴의 환경·미래 에너지정책." 2013. SCIPS(스톡홀름 스칸디나비아 정책연구소). http://www.scips.se/upload/news/2013%20정책자료_환경.미래%20에너지.pdf (검색일: 2020.9.18).

주OECD 대표부. 2020. 「How's Life? 2020'의 주요 내용」. https://oecdregional wellbeing.org (검

색일: 2020.9.19).

주코스타리카 한국대사관 웹사이트. 2016. "코스타리카 개관-사회문화." http://overseas.mofa.
  go.kr/cr-ko/brd/m_6605/view.do?seq=949396&srchFr=&srchTo=&srchWord=
  &srchTp=&multi_itm_seq=0&itm_seq_1=0&itm_seq_2=0&comp
  any_cd=&company_nm=&page=1 (검색일 2020.9.18).

핀란드 교육부 웹사이트. https://minedu.fi/en/ministry (검색일: 2020.9.18).

"Where-to-be-born Index." Wikipedia. https://en.wikipedia.org/wiki/Where-to-be- born_Index (검색
  일: 2020.9.19).

CIGNA. 2019. "2019 CIGNA 360 WELL-BEING SURVEY WELL & BEYOND." https://
  wellbeing.cigna.com/360Survey_Report.pdf (검색일:2020.9.19).

Dual Citizen LLC, 2014. "The Global Green Economy Index: GGEI 2014 — Measuring National
  Performance in the Green Economy." https://sustainabledevelopment. un.org/index.php?page=
  view&type=400&nr=1678&menu=1515 (검색일: 2020. 9.20).

Dual Citizen LLC, 2018. "2018 Global Green Economy Index(GGEI)." https://dualcitizeninc.com/
  global-green-economy-index/ (검색일: 2020.9.21)

Firepower, Global. 2020. "South Korea Military Strength(2020)." https://www. globalfirepower.
  com/country-military-strength-detail.asp?country_id=south-korea (검색일: 2020.9.18).

Foreman, Chad. 2015.12.19. "The 8 Worldly Concerns That Prevent Happiness According to Buddha."
  The Way of Meditation Blog. https://www.thewayof meditation. com.au/the-8-worldly-
  concerns-that-prevent-happiness-according-to-buddha (검색일: 2020.9.19).

Hellmann, Thorsten, Pia Schmidt and Sascha Matthias Heller. 2019. Social Justice in the EU and
  OECD: Index Report 2019. BertelsmannStiftung. https://www. politico.eu/wp-content/
  uploads/2019/12/Social-Justice-Index-2019.pdf (검색일: 2020.9.23).

Mori, Ipsos. 2018.4.23. "BBC Global Survey: A world divided?" https://www.ipsos.com/
  ipsos-mori/en-uk/bbc-global-survey-world-divided (검색일 2020.9.23).

NEF. 2016. "Happy Planet Index." http://happyplanetindex.org/ (검색일: 2020.9.19).

Regeringen(DK). 2018. "Handlingsplan til fremme af tryghed, trivsel og lige muligheder for
  LGBTI-personer." https://www.regeringen.dk/media/5348/ lgbti-handlingsplan.pdF (검색일:
  2020.9.19).

REMARKS AT THE UNIVERSITY OF KANSAS, 1968.3.18. John F. Kennedy Presidential Library
  and Museum. https://www.jfklibrary.org/learn/about-jfk/ the-kennedy-family/robert-f-
  kennedy/robert-f-kennedy-speeches/remarks-at-the-university-of-kansas-march-18-1968
  (검색일: 2020.10.20).

THE TREASURY(NZ). 2019. "Wellbeing Budget 2019." https://treasury.govt.nz/puBLIcations/
  wellbeing-budget/wellbeing-budget-2019-html#section-1 (검색일: 2020.9.10).

Transparency International. 2017. "Corruption Perceptions Index 2017." http://www.ti-j.org/
  CPI_2017_map_and_results.pdf (검색일: 2020.9.18).

Waldinger, Robert. 2015.12.23."What makes a good life lessons from the longest study on
  happiness summary?" https://www.ted.com/talks/robert_ waldinger_what_makes_a_

good_life_lessons_from_the_longest_study_on_happiness (검색일: 2020.9.23).

World Economy Forum. 13 May 2020. "Energy Transition Index 2020: from crisis to rebound. "https://www.weforum.org/reports/fostering-effective-energy-transition-2020 (검색일: 2020.9.10).

4. 일간지

김희승. 2014.9.4. "핀란드 '무민마마'… 국민 80%에 박수 받고 내려온 대통령." ≪한겨레신문≫.

류기종. 2011.2.20.~3.13. "팔복(八福)과 팔정도(八正道)." ≪당당뉴스≫.

박미경. 2016.7.11. "지속가능 덴마크 '혁신'을 배우다." ≪환경일보≫.

안상욱. 2018.6.7. "덴마크 정부, 성소수자 권리 증진 사업 시작." ≪NAKED DENMARK≫.

안희경. 2020.5.7. "[7인의 석학에게 미래를 묻다]①장하준 '코로나, 효율성 위해 약자에 위험부담 지운 신자유주의 약점 드러내'." ≪경향신문≫.

연합뉴스. 2020.8.15. "[전문] 문대통령 제75주년 광복절 경축사."

유명순. 2020.1.7. "국민 43% '만성 울분'…'차별 받는다' 인식 강해." ≪문화일보≫.

윤평중. 2015.1.30. "화병(火病) 부르는 '울혈(鬱血) 사회' 넘어서기." ≪조선일보≫.

전상인. 2011.12.23. "[동아광장]재벌, 자본주의 도덕적 진화 선도하라." ≪동아일보≫.

정태인. 2010.11.5. "노(盧)가 스티글리츠를 옆에 뒀다면, 한국은 지금?" ≪프레시안≫.

≪가톨릭신문≫. 2017.12.25. "한국인 성지순례자 위해 은퇴 후 스페인으로 떠나는 인천교구 이찬우 신부".

≪경향신문≫. 2016.2.28. "[행복기행](2) 데니스네 집으로 가는 길".

≪경향신문≫. 2016.4.4. "[행복기행](6) 레고나라 아이들의 꿈".

≪경향신문≫. 2017.10.24. "[창간 기획-지금, 행복하십니까](2)부탄처럼 … 지표 산출보다 정책 활용에 초점 … 문재인 정부, 한국형 'GNH지수' 개발 나선다".

≪경향신문≫. 2020.8.10. "국방부 장밋빛 청사진 '5년간 국방비 301조 투입' … 2025년이면 일본 추월".

≪뉴스1≫. 2018.11.20. "문(文)대통령 '문정부 5년 내내 반부패정책 추진해야'".

≪뉴스1≫. 2020.7.16. "[NFF2020]디지털 데이터로 본 韓 사회갈등 … '심화·확대됐다'".

≪뉴시스≫. 2020.9.22. "'우울한 한국' 하루 38명씩 극단선택 … OECD '최고 자살률'".

≪서울신문≫. 2018.1.24. "부패인식지수 10점 높이면 4만弗시대 3년 빨라져".

≪세계일보≫. 2018.7.29. "직장·돈 스트레스에 행복지수 꼴찌 … '행복 찾기'에 빠진 한국".

≪연합뉴스≫. 2017.5.18. "WHO '한국 자살률 세계 4위 … 농약 판매 규제로 소폭 감소'.

≪연합뉴스≫. 2019.10.15. "'불안한 청소년 정신건강' … 우울증 진료 10대 3만7천여명".

≪중앙일보≫. 2020.6.1. "피케티, '전국민 기본소득 보장 말고 최저소득 수혜자 넓혀야'".

≪한겨레신문≫. 2012.8.29. "삶의 질 악화에 … MB '행복지수' 약속 사라졌다".

≪한겨레신문≫. 2017.2.9. "중국학·일본학 제치고 '한국학'부터 도입한 이유는".

≪한겨레신문≫. 2017.5.15. "'부탄 예찬' 문 대통령, 행복 정책 도입할까".

≪한겨레신문≫. 2018.10.30. "피케티의 불평등 해법 '고소득층 세금 인상할 정당 필요하다'".

≪한국일보≫. 2016.6.16. "군대 없고 무상의료 … FTA로 한국과 전략적 관계 기대".

≪한국일보≫. 2014.6.23. "한국, OECD 국가 중 동성애자 배척하는 분위기 가장 강해".

≪news1≫. 2018.3.27. "문(文)대통령, 청(靑)참모에 UAE 청년부·행복부장관 사례 참고하라"(종합).

Aeon, Rob Boddice. 2020.1.21. "The complex history of 'happiness' reveals that it is an unstable concept with political undertones." *scroll.in.*

Beament, Emily. 2020.7.20. "Coastline visits b o o st wellbeing." *ECOLOGIST.*

Dorji, Passang. 2018.5.21."Social acceptance of LGBT community is growing in Bhutan". *BBS.*

"Eight Verses of Training the Mind." LOTSAWA HOUSE.

Sachs, Jeffrey D. 2019.10.12."Governments play a key role in our happiness, but how do we get them to care?". The LSE US Centre's daily blog on American Politics and Policy.

Travers, Mark. 2020.1.1."Societies That Promote Openness And Tolerance Are Happier, According To New Research". *Forbes.*

Whitaker, Justin. 2015. "Dzongsar Khyentse Rinpoche talks about Homosexuality and Buddhism." *AMERICAN BUDDHIST PERSPECTIVES.*

Zam, Namgay. 2020.6.29. "Why No One Died from Covid-19 in Bhutan." *Stories Asia.*

지은이

이지훈

2017년 부탄과 코스타리카를 다녀온 이후 행복(국민총행복)과 행복한 나라 공부에 푹 빠져 살고 있는 행복연구가다. 현재 (사)국민총행복전환포럼 부설 국민총행복정책연구소장(전 상임이사 겸 운영위원장)을 맡고 있으며, 행복실현지방정부협의회 자문위원, 서울시 시민행복위원회 공동위원장이다.

행복한 나라 8가지 비밀
모두 행복한 대한민국을 위하여

ⓒ 이지훈, 2021

지은이 **이지훈**
펴낸이 **김종수**
펴낸곳 **한울엠플러스(주)**
편집책임 **최진희**

초판 1쇄 인쇄 2021년 2월 10일
초판 1쇄 발행 2021년 2월 26일

주소 10881 경기도 파주시 광인사길 153 한울시소빌딩 3층
전화 031-955-0655
팩스 031-955-0656
홈페이지 www.hanulmplus.kr
등록번호 제406-2015-000143호

Printed in Korea.
ISBN 978-89-460-8034-8 03330 (양장)
       978-89-460-8035-5 03330 (무선)

* 책값은 겉표지에 표시되어 있습니다.
* 이 책은 강의를 위한 교재를 따로 준비했습니다.
  강의 교재로 사용하실 때는 본사로 연락해 주시기 바랍니다.